HEYNE‹

TILMAN JENS

STEPHEN BANNON

TRUMPS DUNKLER EINFLÜSTERER

WILHELM HEYNE VERLAG
MÜNCHEN

Für Tina Bundschuh
in Dankbarkeit

Copyright © 2017 by Wilhelm Heyne Verlag, München,
in der Verlagsgruppe Random House GmbH,
Neumarkter Str. 28, 81673 München
Redaktion: Dr. Peter Schäfer, Gütersloh (www.schaefer-lektorat.de)
Umschlaggestaltung: Hauptmann & Kompanie, Zürich,
unter Verwendung zweier Fotos von Alex Wong / Staff / Getty Images
und Ullstein Bild – Reuters / Jonathan Ernst
Satz: Satzwerk Huber, Germering
Druck und Bindung: CPI books GmbH, Leck
Printed in Germany
ISBN: 978-3-453-20188-0

www.heyne.de

Inhalt

Der Heizer bleibt –
Ein Vorwort aus gegebenem Anlass

Die ersten Sterbeglocken läuteten schon. Die Messe schien gesungen. Weltweit feilten Redakteure an ihren Nachrufen und verstiegen sich zu dramatischen Spekulationen. Wird der Fürst der Finsternis abserviert? Ist der Präsident zur Vernunft gekommen und trennt sich von seinem kriegsversessenen Strategen, von dem es heißt, er sei der eigentliche Herr im Weißen Haus, der Schattenpräsident? Auch mich überkamen leise Zweifel, als die Agenturen Anfang April 2017 meldeten, Stephen Bannon werde auf Anordnung Trumps nach nur wenigen Wochen seinen Platz im Nationalen Sicherheitsrat wieder verlieren. Das schien einer demonstrativen Demontage gleichzukommen. Wie lange noch wird sich der offenbar angezählte Chefberater auf seinem Posten halten? Ist »der große Manipulator, der zweitmächtigste Mann der Welt« (»Time Magazine«), kaum dass er antrat, schon wieder am Ende? Es wäre müßig, die Gefährlichkeit eines Einflüsterers zu beschreiben, dessen Stimme gerade verstummt.

Doch aller gegenteiligen Gerüchte zum Trotz: Das Tandem Trump-Bannon fährt weiterhin ungebremst auf Angriff. Es existiert nicht einmal die Spur eines Beweises, dass der vermeintliche Lenker seinen Mitpedalisten aus dem Sattel gehoben hat. Die aufgeregt nach außen getragenen Konflikte zwischen den beiden waren, so jedenfalls der Stand vom 1. Juli 2017, kaum mehr als taktische Manöver, um danach wieder gemeinsam Fahrt aufzunehmen und ungehindert Strecke zu machen. Gelegentlich allerdings hatte der Mann auf dem Sozius, der sogenannte Heizer, schlicht für zu viel Aufsehen gesorgt, dem Kollegen auf dem Frontsitz allzu sehr die Schau gestohlen.

Denn Bannon weiß sich in Szene zu setzen: Die Tea Party jubelt ihm zu. Er gilt als Idol von Amerikas äußerster Rechten, des Ku-Klux-Klans inklusive. Ein aggressiver Nationalist, ein Fremdenhasser vor dem Herrn, der die Weltmacht USA innerhalb und außerhalb der Grenzen von Feinden umzingelt sieht und vom finalen Rückschlag träumt. Mit ihm, schrieb die »Huffington Post«, ist das Gift in Washington eingezogen. Er schaut ewig finster in die Kamera und scheint von Verfolgungsphantasien gebeutelt. Dass ausgerechnet er die Politik der Großmacht USA bestimmt, sorgt für weltweites Entsetzen, das sich gelegentlich freilich auch in recht rohen Späßen äußert. Die Paydirt Bar in Portland jedenfalls versprach demjenigen, der Bannon einmal richtig verdresche, lebenslang Whiskey satt.

Die Abberufung des Ungeliebten aus dem Sicherheitsrat dürfte also vor allem ein Placebo für die beunruhigte Öffentlichkeit gewesen sein, allenfalls ein kosmetischer

Eingriff ins politische Tagesgeschäft. Ein Signal ohne Konsequenzen. Gefeuert hat Donald Trump andere, und dies nicht zu knapp: die Staatsanwälte Sally Yates und Preet Bharara, Angella Reid, die Chefin der Personalbediensteten im Weißen Haus, den obersten Sicherheitsberater Michael Flynn, und – begleitet von einem veritablen Regierungsskandal – den Boss des FBI James Comey. Gerade diese Personalie treibt den mächtigsten Mann der Welt nun gehörig in die Enge. Die Justiz ermittelt. Selbst unter Republikanern wird die Möglichkeit eines Impeachments, eines Amtsenthebungsverfahrens, dieser Tage offen diskutiert. Wer soll dem wegen der geheimen Russlandkontakte seiner Leute, ja sogar seines eigenen Sohnes Donald jr., unter Druck geratenen Präsidenten den Kopf retten? Der angeblich abgemeierte Bannon natürlich, der Heizer. Wer denn auch sonst?

Donald Trump, ebenso gefürchtet wie verspottet, scheint unberechenbar. Allein: Ist er das wirklich? Oder folgt er nur konsequent dem vorgegebenen Kurs seines Beraters, zu dessen erklärten Zielen es gehört, Chaos zu stiften, um das etablierte und Bannon so verhasste System aus den Fugen zu bringen? Viel spricht dafür, dass hinter der vermeintlichen Wirrsal düstere Methodik steckt. Der Einfluss des Chefstrategen ist ungebrochen. Gelegentlich scheint er seinen Präsidenten schwindelig zu spielen. Ob Trump immer durchschaut, wie ihm geschieht?

Sollte der erste Mann im Staat sich je widersetzen, werden die rechtspopulistischen Mediennetzwerke, die Bannon einst aufbaute und die den Ausgang der Wahl im November 2016 entscheidend beeinflussten, dem Ungehorsamen den Krieg erklären. *We're going to hammer him*, wir werden ihn zertrümmern, drohte im April 2017 unverhohlen ein Kommentator auf der einst von Bannon geführten Internetplattform »Breitbart News«, der Trump vor einer Abkehr vom versprochenen Hardliner-Kurs, vor einer Entlassung seines Beraters warnte.

Ein US-Präsident in der Hand seines Chefstrategen, der nach Pulverdampf giert: Die Vorstellung macht Angst. Realitätsfern ist sie nicht. *We make America great again* – frei übersetzt könnte dies auch bedeuten: Wir werden den Rest der Welt nach unseren Vorstellungen planieren! Die ersten Schlachten sind eröffnet. Bannon war es, der Anfang Juni 2017 die Aufkündigung des Pariser Klimaschutzabkommens gegen erbitterten Widerstand, auch im Weißen Haus, bei seinem Präsidenten durchgesetzt hat. America first! Was kümmert es uns, ob Afrika verdorrt oder nicht!

Bei der Zeremonie zur Bekanntgabe der Entscheidung stand der vermeintlich aus der Gunst Gefallene als strahlender Sieger da. »Er lacht, er schäkert und setzt sich zur Rede Trumps in die erste Reihe«, so die Augenzeugen von »Spiegel online« über die effektvoll inszenierte Auferstehung: »Für den nationalistischen Hardliner, der seit Wochen als angeschlagen gilt, ist die Entscheidung des Präsidenten ein großer Sieg. [...] Dass Trump so entschied, obwohl seine eigene Tochter ihn vom Gegenteil zu überzeugen versuchte und dafür Al Gore, den Papst und etliche Konzernchefs einspannte, zeigt, wie mächtig die Truppe um Bannon ist.« Der »Boston Globe« variierte

Trumps Heilsbotschaft: »Steve Bannon is great again«. Die »Huffington Post« kommentierte: »Der Präsident hört wieder auf seinen Chefstrategen, der die Politik als brutalen Wettstreit ›Wir oder die anderen‹ sieht.« Kurzum: Wer Donald Trump begreifen will, sollte dessen Alter Ego kennen.

Der Aufstieg des Mannes, der sich in der Rolle eines unsichtbaren Marionettenspielers anschickt, die Welt auf den Kopf zu stellen, lässt sich im Netz akribisch rekonstruieren. Schon als junger Navigator an Bord eines Zerstörers hat er sein Talent entwickelt, dem Kapitän den Weg zu weisen. Als Regisseur von streng nationalistischen Agitpropfilmen, vor allem aber als Chef der rechtspopulistischen »Breitbart News« hat er gelernt, wie man Kampagnen steuert. Er weiß, wie man Schlachten gewinnt. Er weiß, wie man Massen mobilisiert. Vor allem aber weiß er, wie man die Sehnsüchte und Ressentiments von Amerikas weißer Mittelschicht bedient, all der Unzufriedenen, die sich von der politischen Klasse um ihre Zukunft betrogen fühlen. Trump hat ihn eben darum zum Kommandochef seines Wahlkampfs gemacht und dann ins Weiße Haus geholt. Auf diesen Mann kann er bauen. Ein bei der Navy getrimmter Krieger von Bannons Kaliber gibt so schnell nicht auf. Der bleibt auf dem Posten und erscheint manchem stärker denn je: Totgesagte leben länger.

Tilman Jens   Frankfurt a.M./Sarajevo, Juli 2017

I.

Prince of Darkness – oder:
Der Terrorist im Weißen Haus

Einer versuchte es sogar an Thanksgiving. Am 26. November 2015 – Barack Obama hatte im Rosengarten gerade die Truthähne »Honest« und »Abe« begnadigt – nahm ein 22-jähriger Mann mächtigen Anlauf und überwand mit artistischem Geschick das schwarze, knapp zwei Meter hohe Sperrgitter, das die erste Adresse der Hauptstadt, Pennsylvania Avenue 1600, umgibt. In der Küche der Präsidentenfamilie schmorte derweil ein nicht in die Freiheit entlassener Turkey. Cranberry-Orangen-Relish, in Honig gesottener Schinken, Wintergemüse, Stampfkartoffeln und Caesar salad mit Grünkohl sollten das Festmahl abrunden. Von den sechs verschiedenen Pies zum Nachtisch zu schweigen.

Ob der athletisch gebaute Eindringling Joseph Anthony Caputo aus Connecticut – sein Oberkörper war demonstrativ staatstragend in ein Sternenbanner gehüllt – einfach nur gerne mit an Obamas Tafel gegessen hätte, oder ob er Böses im Schilde führte, wissen wir nicht. Belegt aber ist: Er hatte, als er sich unerlaubten Zutritt zum Weißen Haus verschaffte, mit dem Schlimmsten gerechnet und zuvor ein Testament hinterlegt. Doch das Schicksal war Mr. Caputo gnädig. Kräfte des Secret Service mit eilends gezückter Waffe fingen ihn ab und überwältigten den unerbetenen Gast, ohne dass auch nur ein einziger Schuss fiel. Da ist es anderen, die tollkühn Einlass verlangten, weniger glimpflich ergangen. Der afroamerikanische Army-Veteran Chester Plummer etwa wurde anno 1976 nach seinem Sprung über den eisernen Zaun niedergestreckt und erlag kurz darauf im Krankenhaus seinen Verletzungen.

Das Weiße Haus, auf den Dächern von Scharfschützen bewacht, unter der Erde mit Bunkeranlagen gesichert: eine über 200 Jahre alte Festung, die, trotz gelegentlicher Sicherheitslücken, uneinnehmbar zu sein scheint. Ein penibel geführtes Register dokumentiert über 50 Attacken, angestrengt von den unterschiedlichsten Hasardeuren: vom Piloten eines gestohlenen Kleinflugzeugs vom Typ Cessna bis hin zu einem traumatisierten Veteranen aus dem Irakkrieg. Allein: Keine einzige Invasion glückte. Und wenn doch einmal, wie am 11. September 2001, Gefahr für Leib und Leben bestand, dann griff ein bis ins Letzte ausgeklügelter Alarmplan, der allenfalls vor den Untaten und Affären der Amtsinhaber kapituliert, niemals aber vor einer Bedrohung von außen. Terroristen, Amokläufer oder sonstige bewaffnete Gefährder, so dachten wir bislang, haben keine Chance, das ehrwürdige Bollwerk jemals zu stürmen.

Aber dann kam der 20. Januar 2017, der Tag, an dem Donald Trump ins Weiße Haus einzog und mit ihm in seinem engsten Gefolge ein seltsamer Zeitgenosse, ein unsteter Geselle, der über Jahre ohne festen Wohnsitz war, gemeldet unter einer Tarnadresse in Florida, wo er freilich niemals lebte. Die Behörden ermittelten über Jahre. Der 63-Jährige operiert bevorzugt in konspirativer Verschwiegenheit und macht daraus keinen Hehl: »Finsternis ist gut. Es kann uns nur helfen, wenn die Gegenseite nicht erkennt, was wir vorhaben.« »Prince of Darkness« hat ihn die »New York Times« in Anlehnung an Ozzy Osbourne, den finsteren, mit dem Wahnsinn kämpfenden Ex-Frontmann von »Black Sabbath« getauft. Bannon möchte den Staat, über dessen Wohl und Wehe er maßgeblich mitbestimmt, zum Teufel jagen. Sein Bekenntnis vom November 2013 ist legendär: »Ich bin Leninist. Lenin wollte den Staat zerstören, und das ist auch mein Ziel. Ich will das System krachend kollabieren lassen und das gesamte Establishment gleich mit.«

Wenn der Mann Ernst macht, dürfte sich die Welt dramatisch verändern. Denn der Möchtegern-Bolschewik, stramm nationalistisch gesinnt, hat einen einflussreichen Job. US-Präsidenten pflegen sich, in Deutschland kaum vorstellbar, mit einer Heerschar von Beratern zu umgeben. Der Macht so nah wie Stephen Kevin Bannon aber war keiner zuvor. Er ist ein wahrer Tausendsassa: Banker, Filmproduzent, Regisseur und auch Medienunternehmer. Vier Jahre lang war er Chef der zunehmend einflussreichen Propagandaplattform »Breitbart News«, die der äußersten Rechten, der Alt-Right-Bewegung, ein Forum gibt und Kampagnenjournalismus gegen alles Fremde, gegen alle auch nur ansatzweise liberalen Kräfte in Amerika betreibt. Nun also ist er Donald Trumps Chefstratege, sein *top advisor*, sein Spitzenberater, der dunkle Einflüsterer, der für weltweite Schlagzeilen und internationales Entsetzen sorgt.

Mit Kinkerlitzchen, wie dem Abbau bürokratischer Strukturen, hält er sich nicht lange auf. Er will den Umsturz, den radikalen Systemwechsel. Und das augenblicklich. Das seriöse Wirtschaftsblatt »Bloomberg Businessweek« nennt Bannon, 1953 in Norfolk/Virginia geboren, deshalb schon 2015 »den gefährlichsten politischen Akteur in Amerika«. Er hat an seinem ersten Arbeitstag, ein Foto zeigt es, treuherzig die Linke zum Eid auf die Verfassung gehoben, aber er scheint resozialisierungsresistent zu sein und ist versessen darauf, das Delikt seines Lebens zu begehen: das bisherige amerikanische Staatswesen zu zerschlagen. *He clearly wants to burn the system to the ground*, er will das System in Schutt und Asche legen, schreibt das Männermagazin »GQ«. Kein Geringerer als der Präsident der Vereinigten Staaten, so der Plan, soll ihm bei diesem ganz besonderen Terroranschlag als Komplize dienen.

Am 23. Februar 2017, da war sein Büro im Weißen Haus schon bezogen, hat Bannon auf der hardcore-konservativen CPAC-Konferenz sein Vorhaben noch einmal bekräftigt. Eines der vordringlichsten politischen Ziele der kommenden vier Jahre sei, neben der Stärkung der inneren Sicherheit sowie der nationalen Volkswirtschaft, die »Dekonstruktion des administrativen Staates«. In diesem Moment brandet Beifall unter den Zuhörern auf. Dekonstruktion! Er benutzt Jacques Derridas philosophische Formel, um seine Vision von der systematischen Zerlegung der gesellschaftlichen Ordnung zu veredeln. Den Dekonstruktivisten, die seit den 60er-Jahren weltweite Debatten zur Ästhetik und zur Architektur auslösten, ging es um die Entwicklung einer neuen Methode des kritisch-analytischen Hinterfragens. Dekonstruktion, das war ein Appell ans analytische Denken. Bannon hingegen verwendet den Terminus als ressentimentbeladenen Schlachtruf, um zuzuschlagen gegen staatliche Institutionen: gegen die Justiz, das Gesundheits-, das Schul- und Sozialwesen, die Parteien, gegen das Parlament und den Regierungsapparat. »Er kann ein ungemein liebenswerter Zeitgenosse sein«, sagt sein einstiger Weggefährte, der konservative Publizist Ben Shapiro, »aber wenn es um Politik geht, dann wird er aggressiv.«

Er fühlt sich verfolgt. Die alte Ordnung, der Staat im Staat, die bösen Geister der Obama-Administration vor allem, wollen einfach nicht weichen. Der Autor Stephen King, der Anatom von Horror und Wahn, hat die Paranoia der neuen Herren in 540 Zeichen, in einem dreiteiligen Twitter-Roman zur Groteske gesteigert. Ja, natürlich habe der Expräsident die Telefone Trumps persönlich angezapft. »Kam in einem Overall. Michelle stand Schmiere, während O. die Kabel spleißte.« Und zu guter Letzt hat er auch noch das geliebte Erdbeereis geklaut. »Trump muss wissen«, so Kings Volte am Schluss, »Obama hat das Weiße Haus niemals verlassen. Er sitzt im Schrank und trägt eine Schere bei sich.« Von diesem Schlage sind die Gespenster, deren sich der Präsident und sein Einflüsterer nun mit einem Rundumschlag erwehren wollen.

Wenn alles in Schutt und Asche gelegt ist, werden die alten Grundsätze und Werte nicht mehr gelten: Menschenwürde, Pluralismus, Pressefreiheit, der Schutz der Armen und der Minderheiten. Internationale Abkommen verlieren ihre Gültigkeit. Was zählt schon die Wertschätzung für andere! Im Zuge des umfänglichen Großreinemachens müssen die demokratischen Tugenden der *einen*, von nationalem Pathos umwehten Kampfparole weichen: *America first!* Richter, Journalisten, Liberale, unabhängige Denker, die sich der neuen Bewegung widersetzen, werden zu Feinden des Volkes erklärt.

Der Vordenker des Präsidenten möchte das Rad der Geschichte zurückdrehen. Auch die Schwarzen sind wieder vogelfrei. Am 9. Juli 2016 wird in Houston der 38-jährige Alva Braziel von zwei weißen Polizisten erschossen. Ob er die beiden, wie im Nachhinein behauptet, wirklich mit einer Waffe bedroht hat und die Cops in Notwehr handelten, erscheint mehr als fraglich. Für Bannon aber, der an Aufklärung kein Interesse hat, ist die Sache klar. Über »Breitbart News«, wo man auch ein Radioprogramm betreibt, fragt er seine Hörer: »Denken Sie wirklich, dass wir viel verloren haben, als Alva Braziel seinem Ende begegnete?« Er hatte die falsche Hautfarbe und war für den weißen Moderator am Mikrofon ein Bürger zweiter Klasse.

Der brachiale Rückbau des Rechtsstaats hat begonnen. Und Bannon ist der Architekt. Kaum auf dem Posten, feiert er bereits Richtfest und findet am 30. Januar 2017 – in einer Mail an die »Washington Post« – sogleich den passenden Spruch: »Wir werden gerade Zeugen der Geburt einer neuen politischen Ordnung.« An ihrer Spitze stehen die Vereinigten Staaten. Doch er sieht nützliche Sekundanten jenseits des Atlantiks. »In Amerika wie in Europa erobern die arbeitenden Menschen die Kontrolle über ihr Leben, ihr Schicksal zurück.« Den autoritären Systemen in Ungarn oder der Türkei, den Brexit-Aktivisten, dem Front National oder der AfD scheint er in Wahlverwandtschaft verbunden. Er beschwört den globalen Solidarpakt der Unsolidarischen. Mit den tradierten demokratischen Traditionen hat das nichts mehr gemein. Kündigt da ein Fanatiker, von nationalistischem Eifer getrieben, einen unmittelbar bevorstehenden Staatsstreich an? Seit Jahren tüftelt er an seinem Masterplan. Jetzt sitzt er an den Hebeln der Weltmacht Amerika und weist der Abrissbirne ihren Weg.

Der Schriftsteller Daniel Kehlmann hat den Beginn der neuen Ära vor Ort verfolgt und die Ideologie des dekonstruierten Staates in ihren konkreten Auswüchsen skizziert: »Man senkt Steuern, weil man in Wahrheit keine Steuern will, weil man ja Staatlichkeit selbst nicht möchte, man wünscht sich bewaffnete Bürger, weil man eigentlich glaubt, dass der Bürger sich selbst schützen sollte, sodass es im Idealfall keiner Polizei bedürfte, und da nun mal der Klimaschutz das offensichtlichste Beispiel dafür ist, dass in manchen Belangen staatliche Eingriffe unverzichtbar sind, besteht man gegen alles bessere Wissen darauf, dass das Klima nicht geschützt werden müsse.«

Das Einzige, das es in diesem Kosmos noch zu schützen gilt, das ist das nationale Ego. Für die Abwehr der nicht selten imaginierten Gefahr scheint jedes Mittel recht.

Bannon wähnt sein Land im Inneren bedroht von einer moralisch verkommenen, raffgierigen und zumeist neulinken Elite, aus der Protestbewegung der 60er-Jahre entstanden, die, um eigene Pfründe zu sichern, auch die Medienlandschaft erobert habe. Von außen sieht er die ganze Nation eingekreist von Kohorten aus fremden Kulturen, die das Vaterland in feindlicher Absicht überströmen: Mexikaner und Muslime scheinen besonders rabiat. Die einen sind Schmarotzer, die anderen Terroristen.

Wer sein Haupt gen Mekka neigt, sich im Ramadan abplackt, um danach das große Fastenbrechen zu feiern, ist ihm per se verdächtig. »Warum lassen wir diese Leute rein? Schon ihre Überprüfung kostet jede Menge. Wieso muten wir uns das zu? Kann dieses Geld nicht für Amerika verwendet werden?« Viel zu lang haben, behauptet er, all die verantwortungslosen Liberalen im Dunstkreis der Clintons und Obamas die Dramatik der Situation verschwiegen.

Er will die Massen für einen Aufstand der Anständigen mobilisieren, vor allem den enttäuschten Bürgern der Mittelschicht die Augen öffnen. Über das von ihm bis Mitte November 2016 verantwortete Internetportal »Breitbart News« – das rechtspopulistische Agitprop-Unternehmen, von dem zu reden sein wird – hat er seit Jahren und mit wachsendem Erfolg die Angst vor fremder Bedrohung geschürt. Bannon kennt nur einen Ausweg aus der Krise: den Krieg! Als der Präsident direkt nach dem Einzug ins Weiße Haus die Parole »Wir müssen endlich wieder Kriege gewinnen« ausgibt, folgt er dem Narrativ und den Eingebungen seines Beraters. Ein langjähriger Mitstreiter, der konservative

Publizist Kurt Bardella, hat wenig Zweifel am Kräfteverhält-
nis im Tandem: »Es ist Bannon, der den Präsidenten kontrolliert, manipuliert und formt – mithilfe Trumps kann Bannon
die Welt nach seinem Gusto verändern.« Anders gesagt:
Trump mag der Botschafter sein, die Botschaften aber stam-
men von Bannon. »Dieser Präsident«, schreiben Gwynn
Guilford und Nikhil Sonnad in ihrem brillanten Essay über
den Geist des Trumpismus, »agiert vor den Kulissen der Bannon'schen Weltbühne und nach dessen Drehbuch.«

Auch das Wahlkampfversprechen, Millionen von islamischen, vermeintlich illegalen Einwanderern in ihre Her-
kunftsländer abzuschieben, war der Weltsicht des Ideologen aus Virginia geschuldet. Der sagt, der Islam habe
»unendliches Leid über Amerika« gebracht, und pflegt die
Verehrer Allahs auf ganz eigene Weise zu charakterisieren:
»Diese Menschen haben nicht Tausende Jahre Demokratie
in ihrer DNA«, erklärt er 2016 auf einer Zusammenkunft
der Tea Party in South Carolina. Donald Trump hat, mit
Verlaub, einen ausgewiesenen Rassisten ins Weiße Haus
einquartiert.

»Breitbart News« – dort ging einst vor der Veröffentlichung jeder Artikel über Bannons Schreibtisch – hat gleich
unverhohlen zum totalen Krieg aufgerufen. Die Welt, das
Vaterland im Besonderen, werde heimgesucht von einer
»schleichenden Epidemie«, von »Horden geistesgestörter
Muslime, die vergewaltigen, morden, plündern und in die
Brunnen unserer Städte scheißen. Sie sind eine Belästigung
für unsere Bürger, für die ältere Bevölkerung vor allem.«
Wer will die noch reinlassen? Bannon und der seinem

ranghöchsten Berater meist folgende Präsident jedenfalls nicht.

Nur wenige Tage im Amt, hat Trump per Dekret einen generellen Einreisestopp für Bürger mehrerer, vornehmlich muslimisch geprägter Länder wie Syrien, Somalia oder dem Iran verhängt. Letztlich war dies ein Anschlag auf die amerikanische Verfassung, mit deren Geist sich rassistische Diskriminierung nicht vereinbaren lässt. Das lautstark propagierte Vorhaben scheiterte erbärmlich und wurde von Bundesrichtern, was absehbar hätte sein müssen, gleich zweimal gestoppt. Ein Generalverdacht ist nun einmal tabu im Rechtsstaat – und als solcher begreifen sich die USA zu weiten Teilen noch immer, auch wenn dies der Chefstratege für überkommen hält. Doch noch ist die Justiz nicht dekonstruiert. Bannon und Trump freilich wollen weiter für die Abschottung der Grenzen kämpfen – und erzielten Ende Juni 2017 einen ersten Erfolg, als der Supreme Court, der Oberste Gerichtshof, den »Travel Ban« zumindest weitgehend (und bis zur endgültigen Prüfung) für legal erklärte.

Ein Kommentar von Torsten Krauel in der »Welt« gibt einen Vorgeschmack und beschreibt das Ausmaß des Flurschadens, den die Bannon-Trump-Connection anrichten wollte: »Apple hätte es unter Donald Trump nicht gegeben. Der Mitgründer Steve Jobs war der Sohn eines politisch aktiven Syrers. Der hätte heute keine Chance auf Einreise gehabt. [...] Ob Paul Anka in den USA je gesungen hätte, ist fraglich. Er kam aus Kanada in die USA, aber Ankas Vater war Syrer. Iraner bekommen auch kein Visum mehr. Wer wäre abgewiesen worden? Die Eltern des Ebay-Gründers Pierre Omidyar. Die CNN-Korrespondentin Christiane Amanpour. Steffi Grafs Ehemann André Agassi. Firouz Naderi, Leiter der Planetenmissionen der NASA?«

Aber die USA, die wir kannten, haben mit dem xenophoben Gegenentwurf Bannons ohnehin nur wenig gemein. Wenn er verwirklicht ist, werden und sollen wir das Land, das wir bewunderten und oft so leidenschaftlich kritisierten, nicht wiedererkennen. Die »Trump-Revolution«, die der gewaltbereite Strippenzieher in Aussicht stellt, wird keinen Stein auf dem anderen lassen. Auch mancher Wähler des Milliardärs dürfte sich schon bald die Augen reiben. Da ist sich der Historiker Timothy Snyder ganz sicher: »Abgesehen von den Schwarzen haben die Amerikaner immer in einem Rechtsstaat gelebt. Sie haben keine Ahnung, wie sehr sich ihr Leben verändern würde, wenn plötzlich Willkür herrscht. Wenn Bannon sagt, er wolle den Staat zerstören, dann können sich das viele nicht vorstellen. Ich fürchte, dass die meisten Bürger des Landes den Ernst der Lage verkennen.«

Kampfgeist-gestählt bemüht der Mann aus Virginia, der ein Büchernarr ist, die verschrobene Theorie von einer historischen Zwangsläufigkeit, aus der es kein Entrinnen gäbe. Rund alle 80 Jahre müsse die Gesellschaft in ihren Grundfesten erschüttert werden, um sich zu häuten, auf dass nach heftigen Gefechten eine neue, lebensfähige Gesellschaftsordnung entstehe. Sonst drohe der Untergang. Kein Aufschwung ohne Krise! Neil Howe und William Strauss haben die fixe Idee 1997 in ihrem Buch »The Fourth Turning«

in die Welt gesetzt. Schon der Untertitel deutete orakelnd auf Ungemach: »Eine amerikanische Prophezeiung«.

Nachhaltige Wirkung auf Forschung und Wissenschaft zeitigten die kühnen Thesen nicht. Aber Bannon erhebt den 400-Seiten-Schmöker zweier Hobbyhistoriker zum Privatevangelium: »Wir hatten den Bürgerkrieg, wir hatten die Weltwirtschaftskrise. Wir hatten den Zweiten Weltkrieg. Nun steht die vierte große Umwälzung in der amerikanischen Geschichte bevor.« Frühling, Sommer und Herbst sind vergangen. Jetzt wird es Winter. Und der dürfte, prophezeit uns Bannon, richtig, richtig frostig werden.

Dass der Anbruch jeder neuen Jahreszeit bislang mit Unfrieden, Leid und meist mit einem hohen Blutzoll verbunden war, schreckt ihn nicht. Im Gegenteil. Krieg und Gewalt versteht er als Tugend, an der festzuhalten sei, auch wenn der Feind diesmal gefährlicher ist denn je zuvor. Aber schon der Respekt vor den Ahnen gebiete den Sieg. »Wenn wir zurückblicken auf die lange Geschichte, in der die jüdisch-christliche Welt gegen den Islam gekämpft hat, dann denke ich: Unsere Vorväter haben Haltung bewiesen, indem sie diese Dinge aus der Welt gehalten haben.«

Jetzt endlich ist es wieder so weit: Die 80 Jahre sind um. Der Kreis schließt sich, und die Stunde des Umsturzes naht. Im Juli 2014 erklärte Bannon auf einer im Vatikan abgehaltenen Konferenz konservativer Kirchenmänner, zu der er aus Washington zugeschaltet war: »Wir erleben gerade eine äußerst brutale und blutige Auseinandersetzung. Ein großer Krieg kündigt sich an, ein globaler Krieg gegen den islamischen Faschismus.« Die Dschihadisten, behauptet er, hätten bereits die US-Regierung – der Alarmist meinte natürlich das Kabinett Obama – und in dessen Gefolge die Medien unterwandert. Glauben wir Bannon, dann ist es keineswegs mehr fünf vor zwölf, sondern bereits Viertel nach vier. Belege für seine eigenwillige Zeitrechnung nennt er allerdings nicht.

Den Klerikalen, die sich im Dignitatis Humanae Institut nahe den vatikanischen Mauern versammelt haben, redet er ins Gewissen. Denn ihnen käme künftig besondere Verantwortung zu: »Ich denke, die Aufrechten, die Militanten in der Kirche dürfen ihren Glauben nicht nur verkünden. Sie müssen für ihren Glauben auch kämpfen, in die Schlacht ziehen gegen die Barbarei, die alles ausrotten wird, was wir in den letzten 2000 Jahren ererbt haben.« Es schlägt die Stunde der Apokalypse: »Wir sind im Krieg gegen den Islam und gegen die Muslime in Europa.« Dort werde man den bevorstehenden Kampf ohne Hilfe der Alliierten niemals siegreich bestehen.

Sein militärischer Operationsplan »für die nächsten fünf bis zehn Jahre« reicht bis ins südchinesische Meer. Dort wird es dann allerdings nicht um Religion gehen, sondern ums Geld: »Die Plutokraten im Silicon Valley wollen ohne Hindernisse Leute aus der ganzen Welt in die USA bringen. Diese Oligarchen füllen unsere technischen Universitäten mit Leuten aus Südostasien und Ostasien. Die nehmen unseren Kids die Studienplätze und die Jobs weg.« Da heißt es, mit ideologischem Rüstzeug im Sturmgepäck, zurückzuschlagen: America first!

Die Aussicht, in Bälde zu einem globalen Feldzug, vermutlich also in den Dritten Weltkrieg aufzubrechen, versetzt ihn schier in Ekstase. *Steve is in love with war*, sagt seine langjährige Gefährtin aus dem Filmbusiness, Julia Jones. *It's most poetry for him.* Töten im Dienst der Geschichte: ein Gedicht, zum Sterben schön! Seine erklärte Liebe gilt dem Honigdachs, einem besonders unangenehmen Exemplar der Fauna. Die Kampfmaschine aus Fleisch und Blut, die frisst, was immer ihr über den Weg läuft, hat er zum Wappentier von »Breitbart News« gemacht. Gegen den bulligen Honey Badger mit den gewaltigen Krallen haben weder Löwen noch Zebras eine Chance. Hinterhältig zielt er auf das Gemächt seiner Opfer – und liebt zugleich den süßen Honig. Ganze Bienenstöcke vermag er schadlos zu vertilgen. Seine dicke Haut schützt den Furchtlosen vor jeder Gegenattacke. Bannon gerät ins Schwärmen: *This animal never stops killing and eating.* Ein Honigdachs wird niemals aufhören zu töten. Sein Appetit scheint hemmungslos.

Der Freund des *Mellivora capensis* ist seit Langem ein steinreicher Mann. Die Jahreseinkünfte 2016 hat das Weiße Haus pflichtgemäß offengelegt: 1,3 Millionen Dollar. Bannons Vermögen schätzt das Wirtschaftsmagazin Forbes im April 2017 auf bis zu 48 Millionen Dollar. Kapital, Firmenbeteiligungen, Immobilien. Er, der sich so gern zum Feind aller Eliten erklärt, gehört zum obersten Einkommensprozent der USA. Doch seinen Wohlstand sieht man Bannon nicht an.

Oft unrasiert, trägt er gern bevorzugt schlabberige Shorts, Skater-Schuhe und dunkle, reichlich enge Hemden, unter denen der mächtige Bauch drückend hervorquillt. Er liebt seine Flip-Flops. Bisweilen erscheint er auf Meetings auch barfuß. »Tut mir leid«, sagt ein alter Freund, »Steve schaut aus wie ein Landstreicher«, letztlich, urteilt die »Huffington Post«, »wie ein Straßenköter«. Der »Spiegel« findet kaum schmeichelhaftere Worte. »Meist tritt er so auf, als habe er gerade einen Lastwagen abgeladen.« Dahinter könnte freilich Methode stecken: Schon das Outfit soll vor aller Welt demonstrieren, dass er, obwohl nun ganz oben angekommen, nicht dazugehören mag – zur Elite der feinen Pinsel. Einer wie er braucht fürs Ego keine stattliche Karosse, sondern begnügte sich über Jahre mit einem klapprigen Celica.

Und nun sitzt das grau melierte Sicherheitsrisiko im ersten Stock des West Wing, nur wenige Meter vom Schreibtisch des Präsidenten entfernt. Sein Büro ist, wie die seiner Kollegen, eher eine mönchische Klause. Die Verhältnisse sind beengt. Im historischen Gemäuer blättert der Putz. In manchen der baufälligen Räume, berichtet »Vanity Fair«, müssen sogar Mausefallen aufgestellt werden. Bannon hat sein neues Hauptquartier, das er *war room* nennt, vor Bezug gründlich renoviert. Die Bücherregale und das Sofa ließ er entfernen. Stattdessen wurden die Wände mit überdimensional großen Pinnwänden tapeziert. Auf denen hat er handschriftlich die für ihn wichtigsten Ziele der Trump-Administration aufgelistet. Eine vertrauliche Agenda.

Die Öffentlichkeit kannte das bizarre, mit schwarzem Filzer notierte Regierungsprogramm allenfalls vom Hörensagen. Dann, Anfang Mai 2017, bekam Bannon Besuch von einem alten Bekannten: dem orthodoxen Rabbi

Shmuley Boteach, der als Autor regelmäßig für »Breitbart News« arbeitet. Am Unabhängigkeitstag Israels war er ins Weiße Haus geladen, traf sich mit mehreren Republikanern von Einfluss und schoss Selfies zuhauf, auch einige vor der Tafel im West Wing. Eng kuscheln sich der Rabbiner und seine Frau Debbie an den Strategen – im Hintergrund sind markante Teile von Bannons Schlachtplan deutlich zu erkennen. Nun nahm das Schicksal seinen Lauf.

Der Glaubensstrenge aus Los Angeles, ein Selbstdarsteller vor dem Herrn, der spiritueller Ratgeber Michael Jacksons war, ist kein Freund übermäßiger Diskretion. 2014 hat er mit viel medialer Begleitmusik ein Brevier über seine sexuellen Vorlieben verfasst: »Kosher Lust«. Da versteht es sich, dass auch die Fotos aus dem Weißen Haus schnell in die Welt getwittert waren. Reporter weltweit begannen, die erkennbaren Zeilen der 200 Punkte umfassenden To-do-Liste lustvoll zu rekonstruieren. Jetzt können wir schwarz auf weiß nachlesen, was Bannon plant.

Großteils sind es Versprechen, die Trump irgendwann einmal im Wahlkampf gegeben hat, ein Katalog der Grausamkeiten. Ein Gesetz, das Einwanderern, die nach ihrer Abschiebung wieder in die USA zurückkehren, mit bis zu fünf Jahren Gefängnis droht. Gegen Mexikaner helfe allein eine Mauer. Denn auch sie hätten, so erklärt der Bewerber in klassischem Bannon-Stil, »unendliches Leid über das amerikanische Volk gebracht, die Grundfeste unserer Republik zerstört«. Das Bauwerk, so sekundiert »Breitbart News«, sei sogar noch ein Geschäft: »Mit Trumps Grenzanlage ließen sich binnen zehn Jahren 64 Milliarden Dollar einsparen.«

Und ästhetisch ansprechend, mit kleinen Kunstwerken dekoriert, solle das Bauwerk selbstverständlich auch gestaltet werden, wenn auch nur auf der US-amerikanischen Seite.

Die einen schauen auf grauen Beton, die anderen sehen bunt. Das scheint eine Chiffre der Bannon-Welt, die in Über- und Untermenschen zerteilt ist: Der Böse wird seiner gerechten Strafe zugeführt, der Tüchtige belohnt. So einfach, so plakativ kann Politik sein. Es winkt die Abschaffung der Grundsteuer. Die Eliminierung des Krankenversicherungssystems Obamacare. Die Aufkündigung des Hilfsprogramms für syrische Flüchtlinge. Was bereits erledigt ist, wird auf der Tafel des Strategen mit einem Häkchen versehen. Ein pedantischer, fürstlich entlohnter Buchhalter vergleicht Soll und Haben.

In aller Regel hat er ungehinderten Zutritt zum Präsidenten. Der weiß Bannons Gesellschaft, aller Unkenrufe zum Trotz, ungemein zu schätzen. Bereits die programmatische Antrittsrede des politischen Newcomers trug unverkennbar die Handschrift des präsidialen Adjutanten, dessen mit Schwarz-Weiß-Schablonen gezeichnetes Weltbild auf einer abgrundtiefen Verachtung für die politische Klasse basiert. »Zu lange hat eine kleine Gruppe den Lohn der Regierung einkassiert, während das Volk die Kosten tragen musste. Politiker machen Karriere«, rief der Frischvereidigte in die Menge, »eure Jobs aber sind verschwunden und die Fabriken haben geschlossen. Das Establishment hat sich selbst beschützt, nicht aber die Menschen unseres Landes.«

Da artikuliert sich Bannons reine Lehre. Er hat die eigenen Worte nur in den Mund seines Präsidenten gelegt.

Trump, der sich nicht nachsagen lassen muss, ein allzu genauer Denker oder gar eine Leseratte zu sein, scheint einen Narren an dem gebildeten Scharfmacher gefressen zu haben. Und das hat Gründe. Populistische Autokraten umgeben sich gern mit autoritären Denkern, Wladimir Putin mit dem nationalistischen Philosophen Alexander Dugin, der türkische Staatspräsident Erdoğan mit dem Verschwörungstheoretiker Yiğit Bulut. Die Verpflichtung von Stephen Bannon aber war zugleich ein demonstrativer Akt. Letztlich verdankt Donald Trump seinem Mastermind den Wahlerfolg vom 8. November 2016. Der chronisch unterschlafene, von tiefen Augenringen gezeichnete Stratege hat im letzten Vierteljahr vor dem Urnengang die Aufholkampagne des Kandidaten der Republikaner auf Trab gebracht, die Schlammschlachten gegen Hillary Clinton munitioniert. Das war ein Job nach seiner Fasson. »Wenn es irgendwo ein Feuer oder gar eine Explosion gibt«, sagt ein Freund aus Washington, »dann ist Steve vermutlich mit einer Schachtel Streichhölzer in der Nähe.«

Der spät berufene Brandstifter hat dem in Umfragen weit zurückliegenden Kandidaten ein grundlegend anderes Erscheinungsbild verordnet. Ab sofort war Schluss mit den erfolglosen Mühen, sich auf Kundgebungen oder im Fernsehstudio als besonnener Vorzeige-Staatsmann zu präsentieren! Bannon wusste: Das wird ein zügelloser Berserker wie Trump, der seinen Twitter-Account als Schnellfeuerwaffe nutzt, ohnehin niemals schaffen.

So machte der in scheinbar aussichtsloser Lage angeheuerte Wahlkampfmanager aus der Not eine Tugend. Trump durfte fortan Gas geben, so viel wie immer er wollte. Er durfte in die Schlacht ziehen als Robin Hood der Neuen Welt, als Rächer all jener Amerikaner, die sich um ihre Zukunft betrogen sehen. Der Ärmel aufkrempelnde Tycoon, der populistische Politiker, so wie ihn sein Stratege erschuf, versprach den Aufbruch in ein besseres Zeitalter.

Im Gewand des Volkstribuns gab der Bannon-Trump seinen Wählern das Gefühl, Teil einer gewaltigen Bürgerwehr zu sein. So hat der milliardenschwere Unternehmer aus New York in der Endphase der Kampagne gegen Hillary Clinton gepunktet, die ausgerechnet er, der Überetablierte, als Inkarnation des verhassten Establishments an den Pranger stellte. Ihr da oben – wir da unten! Die völkische Klassenkampf-Rhetorik, die auf eine Spaltung der Gesellschaft in Sieger und Besiegte zielte, hat gerade in ländlichen Regionen die entscheidenden Prozente gebracht.

Dabei sei Trump, so der nicht eben bescheidene Berater, bei näherem Hinsehen doch nur ein hilfreiches Werkzeug, eine Sprechpuppe, im Zentrum der Macht positioniert, »ein hohles Gefäß« (*an imperfect vessel*). Bannon, der rechts auslegende Überzeugungstäter ist angetreten, um es zu füllen, auf dass der mächtigste Mann der Welt ein Geschöpf seines obersten Strategen werde. Das Bild vom leeren Behältnis ist ziemlich dreist. Doch es zeigt Wirkung. Schon treffen in der Pennsylvania Avenue die ersten Grußkarten ein, die gewiss nicht aus Versehen an »President Bannon, c/o DJ Trump« adressiert sind. Auf dem wohl schönsten Exemplar – Absender ist schlicht ein *citizen*, ein anonymer Bürger – lesen wir: »Sie sind der beste Puppenspieler von allen. Haben Sie Dank, dass Sie Trump das Gefühl gegeben haben, wichtig zu sein.« Auf einer anderen heißt es: »Lieber Präsident Bannon, ich bin besorgt über den mentalen Zustand von Donald. Seine Reden und Tweets werden wirrer und wirrer. Bitte helfen Sie ihm.«

Der rund um den Globus als Staatschef Geführte, bekanntermaßen selbstverliebt und eitel, war nicht eben amüsiert von solchen Späßen. Das Lachen ist ihm vollends vergangen, als die NBC-Comedy-Show »Saturday Night Live«, ein amerikanischer Fernsehklassiker, einen Sketch ausstrahlte, der sich im Netz alsbald hunderttausendfach verbreitete: Ein täuschend echtes Donald-Double sitzt vor seinen Telefonen und regiert die Welt. Da betritt, mit Musik aus einem Gruselfilm untermalt, ein in einen schwarzen Umhang gehüllter Knochenmann das Oval Office. Bühne frei für Bannon! Die beiden parlieren ein wenig, dann kommt das Gespenst zur Sache. Es will wieder an die Arbeit, zurück an seinen angestammten Platz. *Could I have my desk back?* Der Late-Night-Trump springt augenblicklich auf und verzieht sich – an einen kleinen Kinderschreibtisch, auf dem buntes Spielzeug steht. Hardcore-Satire!

»Steve ist ein feiner Kerl«, konterte Trump, spürbar angefressen, gegenüber einem Reporter des Boulevard-Blatts »New York Post«, »aber meine Strategie bestimme noch immer ich.« Das sei schon zu Wahlkampfzeiten so gewesen. Trumps Einflüsterer indes wird die Grüße an »Präsident Bannon« gern gelesen haben. Er empfindet, wie er selbst bekennt, Freude an diabolischen Scharaden. Er verehre Dick Cheney, George W. Bushs Haudrauf-Vizepräsidenten, er verehre Darth Vader aus »Star Wars«, den Jedi-Ritter, der den dunklen Mächten verfiel – und er verehre, man staune, den Teufel. Für einen Sendungsbewussten seines Kalibers, der gern die gottlose Jetzt-Zeit geißelt und sich, obschon dreimal geschieden, als einen der letzten Verteidiger traditionell christlicher Werte begreift, sind das eigentümlich bizarre Idole.

Gelegentlich gefällt er sich auch in der Rolle eines rebellischen Freaks. 2010 auf einem Kongress der ultrakonservativen Tea-Party-Bewegung, die in ihren Anschauungen, auch in ihrem Staatsverständnis ganz auf Bannons Linie ist, hat er zum Abschluss seiner Rede Verse Bob Dylans zitiert. Der Hardliner und unerbittliche Kriegstreiber verneigt sich vor dem klampfenden Poeten aus Duluth, aufgewachsen in Minnesotas Kleinstadt Hibbing. Dabei war der *Subterranean Homesick Blues*, den er in Erinnerung bringt, einst die Hymne einer bewaffneten Fraktion der Linken, der *Weathermen*. »Wenn ein Zivilbulle hinter dir geht, brauchst du keinen Wetterpropheten, um zu wissen, woher der Wind weht«, heißt in der kongenialen Übertragung von Carl Weissner. Die Anleitung gilt für Widerständler unterschiedlichster Prägung. Bau auf dich selbst, du brauchst keinen Plan. Nur dir allein kannst du trauen. Wieder einmal greift Bannon, wie schon bei seiner Anleihe bei den Dekonstruktivisten, auf das Vokabular des politischen Gegners zurück – und deutet es im Sinne der eigenen Protestkultur um.

Doch wehe dem, der, wie einst die Wettermänner, auf zu viel Eigensinn pocht und Bannons Ansagen nicht folgt. Gegner der nationalen Erhebung, die der White-House-Stratege ohne Unterlass befeuert, werden fertiggemacht. Pluralismus und widerstreitende Meinungen sind für ihn ein Auslaufmodell. Er gibt vor, keine Parteien mehr, sondern nur noch Patrioten zu kennen. Die Demokraten sind ihm suspekt. Für die Republikaner, auf deren Ticket er segelt, hat er oft einzig Verachtung: »Es gibt hier keine funktionierende konservative Partei mehr. Die Republikaner sind das sicher nicht. Wir sollten sie stehen lassen wie eine freche Nutte.« Den rüden Ton wird ihm mancher so schnell nicht vergessen.

Mit vergleichbarem Furor traktiert er die Blätter und Fernsehkanäle – die »Mainstream-Medien«, wie er sie nennt –, die sein Verlangen nach einer anderen Republik nicht teilen. Bannon setzt sie unter Dauerbeschuss und lässt sie in einer demonstrativen Aktion etwa vom Presse-Briefing im Weißen Haus aussperren. »Unser eigentlicher Feind sind nicht die Leute von der Demokratischen Partei, unser eigentlicher Feind, das sind die Medien.« Der taktierende Partisan vom West Wing des Weißen Hauses versteht sich auf die Kunst der pointierten Kriegserklärung. Die Gegenseite kontert mit Verve: *Democracy Dies in Darkness*, die Demokratie, die freie Presse erst recht, verträgt keine Düsternis, lautet, seit Dunkelmann Bannon antrat, die neue, fortan auf jeder Frontseite verewigte Parole der »Washington Post«.

John McCain, das Urgestein der Republikaner, deren Präsidentschaftskandidat er 2008 war, wendete sich angewidert ab: »So legen Diktatoren los. Das Erste, was Diktatoren stets machen, ist, die Presse lahmzulegen.« Wer könnte dem alten Senator da widersprechen? Trumps Schützling ist – und das eint ihn mit nicht wenigen Republikanern – erklärter Anhänger des einstigen Senators Joseph McCarthy, der Ende der 40er-, Anfang der 50er-Jahre, im Zeichen des Kalten Kriegs, Staatsbedienstete, Journalisten, Künstler und Intellektuelle bespitzeln und als angebliche Sympathisanten Moskaus auf schwarze Listen setzen ließ.

Einem Redakteur der »New York Times« hat Bannon sein Credo in die Feder diktiert: »Die Medien müssen blamiert und erniedrigt werden. Sie sollen ihren Mund halten und einfach eine Weile zuhören.« Im Klartext: die Journaille soll den Jargon büffeln, der im Weißen Haus Einzug gehalten hat. Dessen bezeichnendste Wortschöpfung heißt »alternative Fakten«. Die werden immer dann geschaffen, wenn der Präsident oder sein Chefstratege wieder einmal dabei sind, Tatbestände in ihr propagandistisch taugliches Gegenteil zu verkehren. Es sind ja bekanntlich immer nur die anderen, die lügen. Über die strikte Einhaltung der neuen Semantik wacht Bannon, der oberste Sprachwart.

Die Worte vom »Blamieren« und »Erniedrigen«, die geplanten Maßnahmen im operativen Umgang mit den *corporate media,* wird er gewiss niemals zur Veröffentlichung freigegeben haben. Oder am Ende doch? Einer wie er scheut keine Konfrontation. Er sucht sie. »Das können Sie getrost zitieren«, raunzt er seinen Befrager an, »die Medien, die dieses Land nicht verstehen, sind die eigentliche Oppositionspartei.« Und die sähe der dekonstruktionsversessene Stratege im Weißen Haus gern auf der Stelle eliminiert. Nur, mit den Worten des amerikanischen Historikers Timothy Snyder: »Wer die Regierung als Partei ansieht und die

Presse als Opposition, der spricht über einen autoritären Staat.« Das Video von der »Prügelattacke auf CNN«, das Trump voller Stolz twitterte, hat die Richtigkeit der These eindrücklich unter Beweis gestellt.

Da kann es wenig verwundern, dass ein siebzig Jahre alter, auf fatale Art weitsichtiger Zukunftsroman die vordersten Plätze der amerikanischen Bestsellerlisten erstürmte, als Bannon und Trump Quartier in Washington nahmen. Denn die Ideologie, die der Strategie-Ausstatter für seinen Chef maßgeschneidert hat, erinnert in so vielem an George Orwells beklemmende Vision »1984«. Allein in der Woche nach Trumps Inauguration mussten 70 000 Exemplare des Klassikers aus dem Jahr 1949 nachgedruckt werden. So manch aufgeschreckter Bürger wollte einfach wissen, wohin die Reise geht. Anfang April 2017 zeigten dann knapp 180 Kinobetreiber von Florida bis nach Oregon an ein und demselben Tag die Verfilmung des futuristischen Klassikers in ihren Lichtspielhäusern, um ein Zeichen ihrer Empörung über die Trump-Politik zu setzen. Die Resonanz war gewaltig.

Das von Orwell erdachte Unterdrückungssystem »Ozeanien« scheint so manchem wie ein prophetisch vorweggenommenes Trump-Reich. Die Bewohner des totalitären Gemeinwesens werden von einer Behörde überwacht, die in einem unfassbar großen weißen Gebäude untergebracht ist. Hier wirkt das »Ministerium für Wahrheit«, eine Dekonstruktionsbehörde der besonderen Art, die sich der Zerstörung jeglicher Grundrechte verschrieben hat. Auf den Straßen patrouilliert die »Gedankenpolizei«. Bürokraten haben im Auftrag der Macht die Pflichtsprache »Neusprech« entwickelt. Sie hindert die Bürger an der Entwicklung eigener Gedanken. Sie dient ausschließlich dem Transport von alternativen Fakten. Orwell hat dafür den schaurig-trefflichen Begriff »Zwiedenken« geprägt, eine Manipulationsmethode, die dieser Tage auf beklemmende Weise Anwendung zu finden scheint. Im Roman lässt der totalitäre Staat seine Bürger glauben: »Krieg ist Frieden. Freiheit ist Sklaverei. Unwissenheit ist Stärke.« Die diabolische Verdrehung, die Umwertung aller Werte, dieser Fake wird Bannon gefallen haben. Und seinem Präsidenten nicht minder.

Der hat, kaum hatte er seinen Eid auf die Verfassung geschworen, eine einsame Entscheidung getroffen. Per *executive order* beruft er den notorischen Bellizisten gleich noch in den Nationalen Sicherheitsrat, in das wohl wichtigste Beratergremium, das im Krisenfall über Krieg und Frieden befindet. Eigentlich gehören der streng konspirativen Runde, die im unterirdischen *Situation Room* des Weißen Hauses zusammentritt, neben dem Präsidenten und seinem Vize nur Minister, ausgewählte Staatssekretäre und der Geheimdienstchef an, wobei die Ernennungen jeweils vom Senat zu bestätigen sind. Warum aber Stephen Bannon? Der Staatsfeind ist, genau besehen, eher ein Fall fürs *Department of Homeland Security*, das Ministerium für innere Sicherheit der Vereinigten Staaten. Da hat der Präsident ganz offensichtlich den Bock zum Gärtner gemacht.

Auch viele Republikaner waren entgeistert. Der redliche Senator McCain protestierte als Erster gegen die »beispiellose Berufung«. Andere Wertkonservative, die dem moderaten Parteiflügel angehören, folgten alsbald. Ileana Ros-Lehtinen, Abgeordnete im Repräsentantenhaus, erklärte gar: Es wäre ein Segen, wenn er ganz aus dem Weißen Haus verschwände. Einer wie Bannon sei kein würdiger Vertreter einer Nation mit demokratischen Wurzeln. *His views are not in line with our country.*

Und wie reagiert Trump? Starrköpfig wie gehabt? Gewöhnlich prallt jede Kritik am Staatsmann mit der unvergänglich blonden Mähne folgenlos ab. Aber nein, diesmal versetzt er Gegner wie Freunde in Staunen und nimmt Bannon, dem Intimus, am 5. April 2017 seinen ständigen Sitz im Sicherheitsrat wieder weg. Nicht einmal ein Vierteljahr durfte er auf seinem Posten bleiben. Die Spekulationen über die Gründe der Abberufung schossen ins Kraut und bestimmten über Tage die Schlagzeilen der internationalen Presse. Wir lesen etwa, Trump habe einsehen müssen, dass er ohne die Republikaner in Kongress und Senat nichts ausrichten könne. Bannons Degradierung sei ein Tribut an die Partei.

Andere Auguren sprechen davon, dass der zu Temperamentsausbrüchen neigende Stratege sich mit einem Kollegen, der im Weißen Haus direkt neben ihm residiert, dramatisch überworfen, ja, den armen Mann sogar als *cuck*, als Kuckuck verhöhnt habe, der es – zumindest politisch gesehen – mit jedem treibe. Das wäre in der Tat eine unverfrorene und höchst riskante Attacke gewesen. Denn dieser Kollege war nicht irgendwer, sondern Jared Kushner. Ein liberaler Mann, jung und schlank, gedankenschnell und dynamisch. Kurzum eine Lichtgestalt, der »gute Sohn«, wie ihn das »Time Magazine« – den Kontrast zum zwielichtigen Enthusiasten der Dunkelheit betonend – in einer Titelgeschichte nannte.

Der Immobilienhändler ist, anders als Bannon, stets aus dem Ei gepellt und entstammt einer reichen jüdischen Familie, die seit je den Demokraten nahesteht. Ihn hat Trump zum Politikberater, vor allem in internationalen Fragen, bestellt. In erster Linie aber ist er sein Schwiegersohn. Wollte der Präsident am Ende die Familienehre retten, als er – wenn man den Kaffeesatzlesern aus Washington glaubt – seinem wichtigsten Mitstreiter das Vertrauen entzog und vor den Augen der Weltöffentlichkeit abstrafte? Ist Bannon also ein archaisches Opfer für Tochter Ivanka, die als ehrenamtliche Beraterin ihres Vaters gleichfalls im Weißen Haus, wenn auch eine Etage höher, ein Büro unterhält? Das riecht zwar nach barem Nepotismus, und doch werden Ivanka und Jared in den Medien als das *dream couple* gefeiert, das endlich Stabilität und diplomatisches Geschick in die kaum berechenbare und polternde Trump-Regentschaft brächte.

CNN wittert ein Shakespeare'sches Königsdrama: »Intrige im Hause Trump«. King Donald: eine Lear-Figur, umzingelt von einer zerstrittenen Sippschaft. *Dark Lord Bannon* und Jared Kushner, *Prince of Light*, machen ihm das Herrschen sauer. Der Regent scheint nicht mehr Herr im eigenen Hause: Er befiehlt, nach verlässlichen Informationen der Hofberichterstatter, die Kontrahenten an den Verhandlungstisch. Sie sollen gefälligst Burgfrieden schließen oder ihre Fehden künftig zumindest hinter verschlossenen

Türen austragen. *Work this out,* löst euer Problem! Sonst werde er am Ende selbst eingreifen müssen. Doch wird Prince of Light dem verwundeten Dark Lord Gnade gewähren? Fürwahr, CNN erzählt einen großen Bühnenstoff, eine schön-schaurige Geschichte. Traurig nur: Sie war bereits nach wenigen Wochen überholt. Im Zuge der Affäre um die Russland-Kontakte der Trump-Administration ist auch die Luft für die Lichtgestalt Kushner dünn geworden.

Der Fall liegt also weit komplizierter. Gewiss: Die von offizieller Seite verbreitete Version des Geschehens ist fadenscheinig: Bannon sei einzig darum in den Sicherheitsrat entsandt worden, um dort den einstigen Chef des Gremiums, Michael Flynn, in Schach zu halten. Mit dessen Rücktritt wegen eines verheimlichten Kontakts mit russischen Regierungsvertretern habe sich ergo die Mission des Beraters im Sicherheitsrat erledigt. Das allerdings wird vermutlich ein Erklärungsversuch jener Art sein, die politische Beobachter gern mit dem Kürzel »CYA« umschreiben, diesem SOS-Ruf der besonderen Art. Es steht für *Cover Your Ass,* rette deinen Arsch! In der Stunde der Not gilt es, Schadensbegrenzung zu betreiben – und den Allerwertesten zu retten.

Allein, signalisierte die Ablösung tatsächlich einen Vertrauensentzug? Oder hat Trump seinen Frontmann, auf den er angewiesen ist, nur aus der Schusslinie genommen? Er dürfte das Manöver zuvor jedenfalls mit dem Geschassten ausgiebig beraten haben. Keinesfalls ausgeschlossen scheint, dass Bannon den Coup, die Geschichte von seiner vermeintlichen Degradierung, selbst einfädelte. Der Teufel ist nun einmal ein verschlagenes Wesen. Also hat er böse

Miene zum guten Spiel gemacht, kurz über die Kündigung seines abonnierten Sitzes im Sicherheitsrat geklagt, möglicherweise sogar theatralisch mit seinem Rücktritt vom Strategenamt gedroht – und sich insgeheim ins Fäustchen gelacht. Auch diese Version ist plausibel. Was soll er, der Dekonstrukteur aus Leidenschaft, eigentlich ausgerechnet in einem staatlichen Ausschuss? Außerdem scheint er die Rolle des öffentlich Geschmähten durchaus zu genießen. »Er liebt es, der Bad Guy zu sein«, sagt Julia Jones der »Huffington Post« im Mai 2017. »Je mehr Böses seine Mitmenschen über ihn sagen, desto wohler fühlt er sich.«

Nicht wenig also deutet auf ein abgekartetes Spiel, bei dem Bannon keineswegs der Verlierer ist. Schon am Tag nach dem angeblichen Rauswurf, berichtet die »Washington Post« nicht ohne Erstaunen, nahm er erneut an einer Sitzung des Sicherheitsrates teil. Auf Einladung des Präsidenten ist er dort jederzeit willkommen. Nein, die Behörden haben seine *security clearance* nicht herabgestuft. Das bedeutet: Er hat weiterhin Zugang zu allen Informationen, auch wenn sie der höchsten Geheimhaltungsstufe unterliegen. Auch der Drei-Sterne-General Herbert Raymond McMaster, der neue starke Mann im Sicherheitsrat, Nachfolger des im Februar 2017 wegen seiner verheimlichten Russland-Connection zurückgetretenen Michael Flint, hat dem angeblich Degradierten demonstrativ den Rücken gestärkt. Selbstverständlich werde Bannon den Präsidenten weiterhin in Fragen der nationalen Sicherheit beraten.

Ohne Zweifel: Anzunehmen ist, dass dem obersten White-House-Strategen der Raketenangriff auf syrische Stellungen im April 2017 gewaltig gegen den Strich ging. Im Wahlkampf, ja, noch in seiner Antrittsrede hatte Trump immer wieder beteuert, dass nicht die Belange der Welt, sondern die Nationalinteressen Amerikas die künftige Agenda bestimmen sollten. »Wir haben die Grenzen anderer Nationen verteidigt, uns aber geweigert, die eigenen zu verteidigen. Wir haben Billionen von Dollars nach Übersee gesteckt, aber unsere eigene Infrastruktur verrotten lassen.« Das war Bannon-Rhetorik pur – und vertrug sich natürlich nicht mit einer Intervention in Arabien.

Doch schon bald schien der Präsident wieder auf Kurs gebracht. *Buy American. Hire American*, kauf bei Amerikanern und stell zuallererst Amerikaner ein, war ein patriotisches Dekret aus dem Weißen Haus überschrieben, das nur eine Woche nach der Syrien-Intervention in Kraft trat und allen Internationalismus vergessen ließ: US-Firmen werden auf Trumps Geheiß fortan bei Regierungsaufträgen bevorzugt. Zuerst kommen die eigenen Leute – *Bannon is back on the top*, er ist zurück an der Spitze, titelte Ende Mai 2017 die »Daily Mail« vorausschauend. Und Wikipedia sah sich veranlasst, den vorschnell zum Nachruf auf einen Lebenden mutierten Artikel unter dem Schlagwort »Bannon« wieder zu korrigieren. Bannon »galt zunächst als wichtigster Berater der Regierung Trump«, war da zwischenzeitlich zu lesen, »wurde aber in dieser Position sukzessive von Jared Kushner abgelöst«. Der Satz ist mittlerweile aus gutem Grund gestrichen.

Als es für Trump im Mai 2017 wegen der Begleitumstände bei der Entlassung des FBI-Direktors Comey ungemütlich zu werden begann und der Druck auf ihn täglich stieg, bestieg der angeschlagene Präsident seine Air Force One und flog nach Connecticut, um an der Coast Guard Academy einen dramatischen Appell an die jungen Kadetten zu richten, einen Appell, der wieder voll und ganz die Handschrift seines obersten Strategen trug: »Ihr werdet in eurem Leben einiges ertragen müssen, was ihr nicht verdient. Aber reißt euch zusammen. Ihr müsst kämpfen, kämpfen, kämpfen! Und niemals aufgeben!« – *You have to fight, fight, fight. Never, ever, ever give up!* Das werde auch er, so der Präsident vor dem Sternenbanner, in diesen Tagen beherzigen. Das Fernsehen war live dabei, Bannons kompromisslose Kriegsrhetorik nach kurzer Sendepause zurück auf dem Schirm. Die kurze Phase der leiseren Töne war kaum mehr als Blendwerk. Nicht zuletzt Trumps rüder Auftritt beim rundum gescheiterten G-7-Gipfel im italienischen Taormina hat das gezeigt.

Und was Schwiegersohn Kushner angeht: Mit dem saß der angebliche Erzfeind bereits kurz nach der von seinen Gegnern vorschnell gefeierten Kaltstellung einträchtig beim Staatsbankett für Chinas Staatschef Xi Jinping, abgehalten im feudalen *Trump National Golf Club Mar-a-Lago*, direkt an Floridas Küste. Eine Vertreibung von der Tafel der Macht sieht anders aus. Bannon wird dort wohl noch lange bleiben. Der Präsident hat dessen Eignung, kaum hatten sich die Wogen etwas geglättet, im Interview mit »Bloomberg News« noch einmal ausdrücklich bekräftigt. Sein Strategiechef sei ein grundanständiger Mann, *a very decent guy*, »der sich mit diesem Land aufs Engste verbunden fühlt«. Das eine ihn, fügt er hinzu, mit Schwiegersohn Jared.

Der Mephistopheles aus Virginia verfügt zudem über gefährlich viel Insiderwissen. Wenn der, etwa im Fall einer Entlassung, auspackte, könnte so manche Bombe hochgehen: *He could be pure nitroglycerin outside*, warnte die »New York Times«. Vor allem aber pflegt er engste Kontakte zu Großfinanciers wie dem Hedgefonds-Manager Robert Mercer, der Bannons Medienprojekte, aber auch Trumps Wahlkampagne nachhaltig mit mehrstelligen Millionenbeträgen subventionierte. Der Mann, der wie Trump im Familienclan operiert, ist von ungeheurem politischem Einfluss, ein ewiger Kulissenschieber, der nicht zuletzt dafür sorgte, dass der einstige Breitbart-Chef, dessen Gehalt er, Mercer, über gemeinnützige Gesellschaften finanzierte, das Kommando im Wahlkampfteam des republikanischen Kandidaten übernahm. Er breitet bis heute die Hand schützend über seinen angefeindeten Schützling, dessen politische Ansichten er teilt. Die Schweizer Onlinezeitung »Watson« brachte es auf den Punkt: »Steve Bannons Trumpfkarte im Machtpoker: der Milliardär Robert Mercer.« Mit dem wird es sich auch ein US-Präsident nicht verscherzen.

In *einer* Partie allerdings hat sich der ausgebuffte Taktiker Bannon gründlich verzockt. Trump werde der erste Präsident sein, kündigte er noch im Februar 2017 auf der CPAC-Konferenz an, der seine Wahlversprechen halte. Davon kann keine Rede sein. Der von seinem Strategen Gesteuerte segelt meilenweit an den gesteckten Zielen vorbei.

Der Einreisestopp für Muslime: ein Dauerthema für die Gerichte. Die gelobte Mauer an der mexikanischen Grenze hat sich vorerst als potemkinsche Unternehmung erwiesen. Doch das könnte, im Sinne Bannons, durchaus Methode haben. Wer destabilisieren, den Staat aus den Angeln heben will, dem kommt das Chaos gelegen. Und just davon gab es in den ersten hundert Tagen, die er im Weißen Haus verbrachte, mehr als genug. Die Weltmacht, die er zerlegen will, hat so manche Pleite hinnehmen müssen. Trumps Vordenker wird es verschmerzen. Aber er hat die Gegenwehr auf seinem Marsch durch die Institutionen ein wenig unterschätzt.

Bereits zwei Monate nachdem die neue Belegschaft des Weißen Hauses das Kommando übernommen hatte, sollten, so war es auf dem Terminplan vermerkt, nach dem zunächst komplett gescheiterten Einreisestopp weitere Dekonstruktionsarbeiten beginnen. Der Tagesordnungspunkt auf der Agenda kam einem Himmelfahrtskommando gleich: die Zerstörung von Obamacare, des bei den Republikanern verhassten sozialen Krankenversorgungssystems, das Trumps Vorgänger ins Leben gerufen hatte. Es trieb in der Tat die Kosten, auch die staatlichen Zuschüsse, in ungeahnte Höhen. Sorgsam bedachte Nachjustierungen, insbesondere eine Reduzierung der Gewinnmargen der Versicherer, der Pharmaindustrie, der Krankenhäuser und Ärzte halten auch Anhänger der grundlegenden Reform für zwingend geboten. Trump aber hatte angekündigt, gleich das ganze Modell in den Orkus zu jagen, das Millionen von Amerikanern, die sich keine Krankenversicherung leisten konnten, eine passable medizinische Versorgung ermöglichen sollte.

Im Wahlkampf prahlte er, bereits ein den Staat aus der Verantwortung nehmendes Alternativpaket in der Tasche zu haben. Binnen weniger Wochen sei das Modell seines Vorgängers erledigt. Doch weit gefehlt! Die Vorlage, die im März 2017 im Kongress eingebracht wurde, war hastig zusammengeschustertes Flickwerk, ein fauler Kompromiss, der weder den Fortbestand von bis zu 22 Millionen bedrohter Policen sicherte, noch das Gemeinwesen von der Verpflichtung befreite, für die Gesundheit seiner Bürger zu zahlen. Die Experten von »Bloomberg Businessweek« kommentierten: »ein überhasteter, kraftarmer und politisch vergifteter Entwurf«.

Die oft so gegensätzlichen Lager der Republikaner – hier die ihren Grundsätzen verpflichteten Wertkonservativen, dort die Ultras am rechten Rand, die Hardliner vom »Freedom Caucus« – waren sich in der Ablehnung der Vorlage aus dem Weißen Haus ungewohnt einig: Den einen war der Entwurf dann doch zu folgenreich für die bislang Versicherten, den anderen war er zu kompromisslerisch lax. Auch wenn der Präsident tobte und sein Stratege damit drohte, über die Abtrünnigen im Geiste seines Vorbilds McCarthy schwarze Listen zu führen: Die Eliminierung von Obamacare wurde, weil sich im Kongress, auch für einen zweiten Entwurf, keine Mehrheit fand, auf unbestimmte Zeit verschoben.

Möglicherweise kam Bannon die gescheiterte Frühjahrsoffensive, so blamabel sie für Trump war, durchaus gelegen. Sie bestätigte seine Sicht der Dinge. Hatte sich an diesem Punkt nicht einmal mehr die Notwendigkeit einer Zerstörung des politischen Systems, der Planierung der etablierten Parteienlandschaft gezeigt? Auch mit den Republikanern, das scheint nun vollends evident, ist einfach kein Staat mehr zu machen. Daran dürfte auch der Umstand wenig ändern, dass sich am 4. Mai 2017 im US-Repräsentantenhaus dann doch denkbar knapp eine Mehrheit für die Abschaffung von Obamacare fand. Im Senat hingegen, der zweiten Kongresskammer, macht sich trotz republikanischer Mehrheit erbitterter Widerstand breit. Wie immer der Streit ausgehen mag: In Erinnerung bleibt das Erscheinungsbild eines Haufens von unsteten Gesellen. Die glorreichen Tage eines Ronald Reagan, dem Bannon in seiner Zeit als Filmemacher ein monumentales Heldenepos widmete, sind vorüber, für immer. Und eben das will der cineastische Trauerredner nicht akzeptieren.

Wer ist dieser Mann, der Reagan verklärt, der Erzkatholik, der dem Satan huldigt und mit einem Kreuzzug das christliche Abendland retten möchte? Er hat die Marke Trump erfunden – und könnte am Ende, aller Ränkespiele zum Trotz, bedrohlicher sein als der Präsidentendarsteller selbst, obgleich der den Atomkoffer bei sich tragen darf. Daniel Kehlmann hat Trump in seinem von blankem Entsetzen gezeichneten Essay für die »Zeit« attestiert, er habe »die bemerkenswerte Eigenschaft, dass er unmenschlicher wird, je mehr man über ihn weiß«. Der Satz voller Ingrimm gilt, wir werden es sehen, für Stephen Kevin Bannon erst recht.

II.

Lehrjahre auf dem Zerstörer: vom unpolitischen Liberalen zum strammrechten Schreibtischtäter

Wer seine Kindheit in Richmond/Virginia verbringt, ist bisweilen für den Rest seines Lebens gezeichnet, der ewigen Finsternis anheimgegeben. Edgar war nicht einmal drei, als seine Mutter, die 24-jährige Schauspielerin Elizabeth Arnold Poe, während eines längeren Gastengagements am städtischen Theater der Tuberkulose erlag. Der Tod in einem heruntergekommenen Fremdenzimmer muss elend gewesen sein. Ihre drei kleinen Kinder waren dabei, als die zierliche Frau mit den schwarzen Haaren am 8. Dezember 1811 ihren letzten Atemzug tat. Das Trauma hat der jüngste Sohn niemals verwunden. Frauengestalten, in der Blüte der Jugend dahingerafft, sind ein beharrlich wiederkehrendes Motiv im Werk von Edgar Allan Poe, dem »Dichterfürsten der Dunkelheit«. Richmond, die Stadt am James River, in der er bei Adoptiveltern, bei der Familie eines

Tabakhändlers aufwuchs, wurde zum Dreh- und Angelpunkt einer wild bewegten Existenz.

Hier in der einstigen Metropole des Tabakwarenhandels startete, knapp 150 Jahre später, am 27. November 1953, auch ein anderer Apologet der Düsternis ins Leben. Stephen Kevin Bannon allerdings hat rund um Richmonds Ginter Park zunächst weit freundlichere Erfahrungen gemacht. Er war noch im Kindergartenalter, als die Familie von Norfolk am Atlantik hundert Meilen westwärts in die einstige Hauptstadt der Konföderierten zog. Vater Martin, der einmal zur Leitfigur seines Lebens werden sollte, hatte dort eine Stelle als Kabelverleger beim Telefonanbieter AT&T bekommen. Er hat seinen Arbeitgeber in 48 Jahren niemals gewechselt. Stephen, den alle nur Steve nennen, wuchs in einer heilen, behüteten Welt auf. Die Ehe der Eltern war glücklich. Sie lebten mit ihren fünf Kindern in einem kleinen, weißen Holzhaus im Norden der Stadt. Ein Idyll mit Vorgartenzaun, Veranda und einem bunt bepflanzten Garten. Das Kämpfen freilich hat Stephen, der Umsorgte, früh gelernt. Er hatte zwei ältere Brüder.

In Bannons Heimat – er wird später sagen, dass er immer ein Sohn Richmonds geblieben sei – stimmt man seit je demokratisch. Bei der Präsidentschaftswahl 2016 erzielt Hillary Clinton ein Traumergebnis von 78,8 Prozent. Auch Martin und seine Frau Doris haben lange für die »Blauen« votiert. Stephens Mutter hat sogar eine Weile für den Demokraten Douglas Wilder gearbeitet, der als erster Afroamerikaner überhaupt in ein Gouverneursamt gewählt wurde. Nein, im Elternhaus ist Bannon gewiss nicht zum

Rassisten erzogen worden. »Ich stamme aus einer Arbeiterfamilie«, hat er 2015 in einem Interview gesagt, »irische Katholiken, pro Kennedy und pro Gewerkschaft.«

Den Eltern bereitet der Filius wenig Sorgen. In der Schule zählt er zu den Besten seines Jahrgangs an der einst von katholischen Mönchen begründeten Benedictine High School, an der ausschließlich Knaben unterwiesen werden. Die obersten Maximen sind Disziplin, Hierarchie und soldatisches Pflichtbewusstsein. Die Zöglinge nennen sich Kadetten und tragen Militärabzeichen am Hemd. Der Uniformierte Bannon macht bald von sich reden. Als passionierter Baseballspieler steht er im Auswahlteam der Schule. Für sein Alter hat er ein unbändiges Wissen. In der Bibliothek der Lehranstalt ist er Stammgast. Sein Bruder Chris erinnert sich: *He ordered books by the dozen*, er bestellte seine Bücher im Dutzend. Während der Schulferien arbeitet er hart und verdient sich die ersten Dollars in einem Knochenjob auf einem Autoschrottplatz. Mutter Doris versorgt am Abend seine Schrunden. Nein, er ist kein feiner Pinkel, dafür aber, von der äußeren Erscheinung her, zunehmend ein Kind seiner Zeit, erst recht, als er dann aufs College ging.

»Er hatte lange Haare wie die Hippies«, seufzt sein betagter Vater Martin noch 2016, »zwei Jahre lang dachte ich, er wäre ein Mädchen.« Seine Mitstudenten an der Virginia Tech – hier ist Stephen seit 1973 eingeschrieben – finden ihren Kommilitonen ziemlich cool. Er ist Anhänger von Jerry Brown, dem Vietnamkriegsgegner, dem Rebellen der demokratischen Partei, der im November als Nachfolger Ronald Reagans zum Gouverneur Kaliforniens gewählt

worden war. *Steve was a very liberal guy*, sagt Peter Albe-
rice, den er Jahrzehnte später zu seiner Kampfplattform
»Breitbart News« holen sollte. Bannon studiert Urbanistik.
Ob er tatsächlich daran denkt, einmal Städte zu bauen?
Oder will er vor allem das Handwerk des Planens, die
Kunst strategischen Denkens erlernen?

Er hört laute Musik, schwärmt für Bruce Springsteen
und ist doch kein *frat boy*, kein Draufgänger, der sich
auf Partys herumtreibt, mit Mädchen herummacht oder
Unmengen von Alkohol konsumiert. Der Stenz mit einem
Faible für Jeansjacken und Khakihosen trinkt seinen Kaffee
tief schwarz und arbeitet bis spät in die Nacht. An der
Selbstdisziplin sollte sich sein Leben lang wenig ändern.

Im Vorgriff auf seine Karriere als Medienunternehmer
hat er im College für die rund 28 000 Studenten eine kleine
Radiostation mit aufgebaut. Mancher erinnert noch heute
die Sendung vom 22. Oktober 1975, dem Tag, an dem der
Historiker und Philosoph Arnold Toynbee starb, der Uni-
versalgelehrte aus London, der den Aufstieg und Fall der
Weltkulturen deutete. Dessen zwölfbändiges Standardwerk
»A Study of History« sei für den geschichtsbesessenen Studenten, sagt ein Kommilitone, wie eine religiöse Offenba-
rung gewesen.

Also verfasst Bannon einen langen Nachruf auf den kul-
turpessimistischen Denker, der als junger Mann einmal Mitarbeiter des britischen Geheimdienstes war: Zum Abschluss
seines Nekrologs legt der studentische Trauerredner als letzten Gruß eine Scheibe von Grateful Dead auf, einen seiner
Lieblingssongs: »Unbroken Chain«. Die Kette wird niemals

reißen. Trübsal durchflutet an diesem Abend den Äther über dem Campus. Der Text betrauert entschwundene Gesichter. *Looking for familiar faces in an empty window pane*, wir suchen nach vertrauten Gesichtern und schauen doch nur in eine leere Fensterscheibe. Tiefe Melancholie! Der Moderator am Mikrofon weiß schon als Twen, wie man die Emotionen der Zuhörer schürt.

Mehr noch: Auf der Virginia Tech in Blacksburg schnuppert er erstmalig an den Freuden der Macht. 1975 wird er zum Präsidenten des Studentenparlaments gewählt. Das ist eine Position von Gewicht und Status. Er hat jetzt ein Büro, eine Kopiermaschine, ja, sogar eine eigene Sekretärin. Um sich herum schart er einige Getreue, eine Art Küchenkabinett. Die Wahl hatte er, der Überraschungssieger, haushoch gewonnen, der sich in einem Flugblatt schon damals als Mentor der Unzufriedenen und als unerschrockener Kämpfer gegen das Establishment präsentierte. »Washingtons Bürokraten werden ihre Politik nicht ändern, die uns um einen halbwegs humanen Lebensstil betrügt.« Darum: *Steve for president!* »Um etwas zu verändern, brauchen wir eine dynamische Führung!« Gary Clisham, der ihm einst im Rennen um den Posten unterlag, bescheinigt Bannon ein »immenses Charisma«. Und sein Zimmergenosse John De Paola hat ihm schon damals eine große Zukunft vorausgesagt. *Steve's gonna end up in The White House one day*, irgendwann werde er es bis ins Weiße Haus schaffen.

Als sich rund 40 Jahre später die Prophezeiung erfüllt und Bannon mit Donald Trump in den West Wing einzieht, ist das Entsetzen allerdings groß an Virginias größtem

College. Binnen weniger Tage unterschreiben mehr als 5000 Studenten und Dozenten eine Resolution, die von Stolz und Selbstbewusstsein der Hochschule zeugt. »Wir sind Virginia Tech«, heißt es da, »wir sind nicht immer perfekt, aber unsere Gemeinschaft steht auf einem Grundstein, auf dem alles gebaut ist. Bannon aber hat diese Gemeinschaft verlassen. Er repräsentiert nicht unsere Werte, er steht geradezu in Opposition zu ihnen.« Und dann gehen die Unterzeichner in die Vollen.

Virginia Tech achte die Würde jedes Einzelnen, die Freiheit des Worts. »Wir anerkennen den Wert menschlicher Vielfalt, die unser Leben bereichert. Wir weisen jede Form von Vorurteilen oder Diskriminierung zurück.« Aber gegen diesen ehernen Kodex des Anstands habe Bannon, vor allem als Chef von »Breitbart News«, mit System und Vorsatz verstoßen, die Hatz auf Minderheiten, auf Muslime, auf Schwule und Lesben eröffnet, antisemitische und rassistische Klischees gepflegt und die freie Presse einzuschüchtern versucht. »Wir appellieren an den Präsidenten, sich von diesem Mann zu lösen und ihn aus seinem Verwaltungsapparat zu entfernen.« Solidaritätsadressen klingen anders.

An der nächsten Ausbildungsstation, die Bannon durchläuft, nimmt man es mit derartigen Sündenfällen nicht gar zu genau. Hier darf Bannon bis heute auf Milde und Wohlwollen hoffen: »Wie es auch immer um sein politisches Ethos bestellt sein mag«, beteuert sein Freund Edward »Sonny« Masso in einem Interview mit der »Washington Post«, was wirklich zählt, ist nur das eine: »Steve war einer von uns, ein Gefährte auf hoher See.« Denn kaum hatte Bannon am College seinen Abschluss als Urbanist in der Tasche, suchte er das Weite und heuerte 1977 als Offiziersanwärter bei der Navy an. Mehr als sechs Jahre wird er dort bleiben. Länger als hier hat er es in keinem anderen Job ausgehalten. Die Mission erfüllt ihn: Er steht zum ersten Mal dem Vaterland zu Diensten.

Die Officer Candidate School in Norfolk/Rhode Island drillt ihn für den Einsatz als Mariner. Nach sechsmonatiger Ausbildung ist es so weit: Bannon darf auf die Weltmeere hinaus. Auf dem kurz zuvor vom Stapel gelassenen Zerstörer »Paul F. Foster« wird er die Ozeane durchkreuzen. Zunächst arbeitet er als Ingenieur im Maschinenraum. Bleibenden Eindruck hat er auf diesem Posten bei seinen Kameraden allerdings nicht hinterlassen. *He wasn't the best engineer we had, but he wasn't bad*, er sei nicht der Beste, aber auch nicht der Schlechteste gewesen. Im Klartext: Er war allenfalls Durchschnitt. Die Verantwortung für die Hauptantriebsmotoren jedenfalls wird einem anderen übertragen.

Der Karriere des ehrgeizigen Lieutenants schadet das nicht. Er arbeitet sich hoch aus dem dunklen, nach Öl stinkenden Maschinendeck – und agiert bald schon auf der Kommandobrücke. Mit gerade einmal 24 Jahren ist er am Ziel seiner Träume: Er darf nun Navigator sein, der entscheidende Mann im Hintergrund, der sagt, wo es langgeht. Wenn die unzuverlässige Bordelektronik streikt, der Kontakt zum Satelliten abbricht, nimmt er den Sextanten zur Hand und weist seinem Kapitän den Kurs. Im Weißen

Haus wird er Jahrzehnte später letztendlich nur wenig anderes tun.

Kühle Berechnung ist alles, lautet die Lektion fürs Leben, die er auf dem Zerstörer lernt. Dort habe er eines begriffen, wird Bannon 2016 auf einer Zusammenkunft der Tea Party sagen, »und das ist die Bedeutung, die der Mathematik in der realen Welt zukommt«. Er, der es als Banker, als Produzent in Hollywood, als Meinungsmacher und Chefstratege des Präsidenten noch weit bringen sollte, hat auf den Weltmeeren seine Methodik gefunden: das Sammeln und Analysieren von Daten. Noch allerdings kalkuliert er in überschaubarem Rahmen. Nach Dienstschluss, wenn die Route errechnet ist, studiert er im »Wall Street Journal« die Börsennotierungen an den Aktienmärkten der Welt. Weite Teile seiner Heuer legt er in Gold und Silber an. Das macht sonst keiner an Bord.

Obwohl die Lebensumstände in der engen Doppelkabine mit Etagenbetten spartanisch sind, bleibt er rund drei Jahre auf der »USS Paul F. Foster«. Er treibt Sport, joggt jeden Mittag fünf Meilen rund um das Schiff. Bei längeren Hafenaufenthalten macht er, im Duell gegen Mannschaften vom Festland, als Basketballer der Bordauswahl von sich reden. Seine Spielweise ist markant. Die Mitstreiter im Team nennen ihn *Coast-to-coast*, weil der Navigator mit dem Waschbrettbauch stets im Affenzahn von einer Spielhälfte zur anderen rennt.

Diese Zeit bei der Navy sei es gewesen, wird rund 35 Jahre später der berüchtigte Pressesprecher des Weißen Hauses, Sean Spicer, erklären, die Bannon für einen ständigen Sitz im Nationalen Sicherheitsrat qualifiziert habe. Dank seiner Fahrten auf dem Zerstörer verfüge er über »ein enormes Verständnis der Welt und der geopolitischen Landschaft, in der wir heute leben«. Newt Gingrich indes, der einstige Sprecher der Republikaner im Repräsentantenhaus, hängt den Hammer tiefer und verortet Trumps Chefstrategen eher in einem anderen maritimen Metier. »Er ist ohne Zweifel ein brillanter Pirat. Aber das Weiße Haus verhält sich am Ende eben doch wie die Navy. Da zählen klare Strukturen, und Piraten dürfen auf keinerlei Gnade hoffen.«

He was a little bit of a hell-raiser, ein ziemlicher Rabauke also, sagt ein einstiger Bordkamerad. In eine kriegerische Auseinandersetzung ist Bellizist Bannon freilich niemals geraten, und doch wird er am Persischen Golf im Frühjahr 1980 unmittelbarer Zeuge eines folgenschweren Militäreinsatzes. Da hat die »Paul Foster« den Flugzeugträger »USS Nimitz« – eine schwimmende Stadt mit einer Besatzung von 5700 Mann – auf einer verhängnisvollen Geheimmission begleitet. Um die Auslieferung des Schahs von Persien zu erpressen, der in die USA geflohen war, hatten Studenten aus Teheran am 4. November 1979 die amerikanische Botschaft gestürmt und dort 52 Geiseln genommen. Alle diplomatischen Versuche, die Gefangenen freizubekommen, scheitern. So laufen die Vorbereitungen für die Operation *Eagle Claw* an. Die gewaltigen Klauen des Weißkopfseeadlers, des Wappenvogels der USA, sollen es richten.

Präsident Jimmy Carter hat die Unternehmung befohlen. Sie endete im Fiasko. Die von der »Nimitz« in nächtlicher

Dunkelheit gestarteten Kampfhubschrauber und Flugzeuge konnten ihre Mission nicht erfüllen. Ein Sandsturm über der persischen Wüste machte alles zunichte. Die Planung war stümperhaft. Zwei Helikopter fielen aus wegen eines technischen Defekts. Ein dritter kollidiert in der Luft mit einem Truppentransporter. Der Kommandant befiehlt, die Invasion Hals über Kopf abzubrechen. Acht amerikanische Soldaten sterben. Ihre Leichen werden als stolze Beute durch Teherans Straßen getragen. Das Staatsfernsehen überträgt live. In den auf iranischem Gebiet zurückgelassenen Hubschraubern entdecken Chomeinis Milizen brisante Papiere, unter anderem eine Liste mit den eingeschleusten Agenten der CIA. Eine Weltmacht sieht sich vom Feind als Dilettanten-Stadel vorgeführt.

Die nationale Schmach, die der Navigator der »Paul F. Foster« aus der Nähe miterlebte, verändert seine Weltsicht grundlegend. Der bislang eher unpolitische, aber mit den Demokraten sympathisierende Leutnant zur See hat in Präsident Carter schnell den Schuldigen ausgemacht. Der habe das Militär, die Kriegsflotte vor allem, wie ein Stiefkind behandelt, mangelhaft ausgerüstet und die Verteidiger des Vaterlands weit unter Wert bezahlt. Er fühlt sich persönlich angegriffen. Nach der Blamage in der Wüste wechselt Bannon die Fronten.

Fortan brennt er für die Republikaner. Ronald Reagan, im Wahlkampf 1980 Carters Herausforderer, wird sein Idol. Das letzte Fernsehduell der beiden verfolgt er, als sein Schlachtschiff im Hafen von Long Beach liegt. Er fiebert mit, feuert den Kandidaten von der Westküste an, als schaue er einem Boxchampionat zu: *He watched the debate like a prizefight.* Als Reagan, der Gouverneur Kaliforniens, tatsächlich gewinnt, hat Bannons Zerstörer, als sei es eine Fügung, gerade in Los Angeles angelegt. Zusammen mit seinem Bordkumpanen Sonny Masso gelingt es ihm, auf ihrem patriotischen Einsatz auf der »Paul F. Foster« verweisend, Karten für die Wahlparty zu organisieren, die im noblen »Century Plaza« steigt. *The Governor would be honored to have you there.* Dem Gouverneur war's eine Ehre, die beiden Vaterlandsverteidiger zu begrüßen. Die Einladung schmeichelt.

Der frisch Politisierte will zurück an Land, um am Knotenpunkt des Weltgeschehens, in Washington, den Aufbruch in die Ära Reagan mitzuerleben, mehr noch: sie aktiv zu begleiten. Mittlerweile zum Oberleutnant ernannt – die Brust ist mit drei Auszeichnungen dekoriert –, tauscht Bannon seinen Platz an Steuerdeck gegen einen Schreibtisch im Pentagon. Der 27-Jährige gehört nun zu einem handverlesenen Nachwuchstrupp. Erneut auf strategisch wichtigem Posten arbeitet er im Team des Chefs für Operationen auf See. Bereits wenige Wochen nach Amtsantritt im Weißen Haus schaut Reagan im Verteidigungsministerium vorbei und hält eine von Pathos getragene Rede, die vor allem den Verdiensten der Streitkräfte gilt. »Viel zu lange gab es keinen Dank für die Opfer, die sie brachten«, bekundet der Präsident. »Es ist Zeit, stolz auf sie zu sein und ihnen endlich zu danken.« Bannon, so erinnert sich Sonny Masso, war zutiefst ergriffen. *This speech was a game changer,* von nun an galten andere Spielregeln.

Aber als Schreibtischtäter im Pentagon will er auf Dauer nicht versauern. Er, der ewig Rastlose, will höher hinaus. Parallel zu seinem Fulltimejob im Ministerium beginnt er an der Georgetown University ein Studium, das ihm auf den Leib zugeschnitten zu sein scheint: Public Affairs, die Lehre von der strategischen Einflussnahme der Wirtschaft auf die Politik. Anfang 1983 schließt er dort ab mit einem Master's Degree. Als Bannon 35 Jahre später in die Dienste des 45. US-Präsidenten tritt, werden sich Vertreter einer anderen Generation an den einstigen Absolventen der ältesten römisch-katholischen Universität Amerikas erinnern. Sie fordern die augenblickliche Aberkennung des Diploms.

Dem hat der Rektor dann doch nicht entsprochen. Wie sollte er auch? Der daeinst in Washington Examinierte hat seine Prüfer nicht getäuscht, nicht aus ungenannten Quellen abgeschrieben. Mit formalen Winkelzügen wird ihm keiner am Zeug flicken können. Aber der Wind bläst Bannon, wie schon an der Virginia Tech, scharf ins Gesicht. Er habe Rassenhass gesät, Stimmung gemacht gegen Minderheiten und gegen Einwanderer. »Das steht nicht im Einklang mit unseren jesuitischen Idealen und Werten. Die Aberkennung seines akademischen Titels wäre ein Signal, dass die Lehrenden und Studenten der Universität, seine Worte, seine Taten, sein Benehmen nicht billigen.«

Ob Anwürfe wie diese ohne Spuren an ihm abprallen? Der kalte Taktierer am Reißbrett der Macht lässt sich so schnell nicht aus der Reserve locken. Nicht von den Medien, nicht von der Konkurrenz im Weißen Haus. Und nicht von der akademischen Jugend. Er reagiert einfach nicht.

Anders als der Präsident, in dessen Diensten er steht, ist ihm Gefallsucht fremd. Ein Schattenmann seines Kalibers operiert im Hintergrund.

Und doch: Als sich zur gleichen Zeit auch noch über tausend Frauen von der Harvard Business School, der ruhmreichen Eliteschmiede, gegen ihn erheben, reagiert Bannon dünnhäutig. Und dem geht eine Geschichte voraus, die in der Vita weit zurückliegt.

Als 29-Jähriger hatte er für sich beschlossen, dass es nun genug mit der Vaterlandsverteidigung sei. Hehre Ideale: Schön und gut, jetzt aber wuchs die Lust aufs große Geld – einmal als Banker die Kurse bestimmen! Ein Freund hatte ihm den Weg gewiesen: »Wenn du eines Tages an die Wall Street willst, dann musst du an die Harvard Business School.« Das Institut in Boston, das mit dem Slogan wirbt *We educate leaders who make a difference in the world,* bei uns drückt die Elite von morgen die Bänke, ist die Schleuse zu den Jobs an den Finanzmärkten der Welt. In Harvard nehmen sie einen wie ihn gern. Der hat schon viel erlebt in seinem jungen Leben und verspricht, das Zeug für einen Posten ganz oben zu haben.

Aber er wirkt dort gelegentlich wie ein Exot. Er ist einer der Ältesten, die sich an der exklusiven Hochschule neu einschreiben. Stephen erscheint nicht in lässigem Studentenlook in die Seminare, er kleidet sich adrett und liebt gelbe Sweater, die bald zu seinem Markenzeichen werden. Außerdem trägt er bereits einen Ehering am Finger. Noch während der Zeit beim Militär hat er Cathleen Houff, seine Jugendliebe aus Richmond geheiratet. Ein katholischer

Priester gab seinen Segen. Die beiden sind seit den Tagen an der Virginia Tech miteinander verbandelt. Ein junger Mann mit gefestigten Werten folgt, fürs Erste jedenfalls, dem Familienideal seiner Eltern.

Er schaut geradeaus. Er weiß, wo er hinwill, und erfüllt die Erwartungen im Übersoll. Er ist ein Bilderbuchstudent der Reagan-Ära, der sich die klaren Freund-Feind-Bilder seines Präsidenten zu eigen machte. Auflehnung ist seine Sache nicht. »Nein, er war kein Rebell«, sagt sein Kommilitone Scot Vorse, »du gehst nicht nach Harvard, um Probleme zu machen.« Probleme bereitete allenfalls seine ein wenig aus der Zeit gefallene Karosse, deren Heizung regelmäßig streikte.

Die Spuren seiner zwei Harvard-Jahre sind rar. Die meisten Absolventen befinden sich heute in den Toppositionen der Privatwirtschaft. Dort liebt man die Diskretion. Aber der »Boston Globe« hat zwölf einstige Mitstudenten ausfindig gemacht. Viele von ihnen wollen ungenannt bleiben. Und doch finden sich ein paar aufschlussreiche Charakterstudien aus dieser Zeit: In den Lehrveranstaltungen nimmt er den Dozenten nicht selten das Heft aus der Hand. Mitstudenten attestieren ihm einen regelrechten Kontrollzwang. »Sein rigides Auftreten war von seiner Zeit beim Militär geprägt. Dabei hat er aus seinen politischen Überzeugungen nie einen Hehl gemacht«, erinnert sich eine chinesische Mitstudentin. Er habe sich immer wieder gewünscht, der Vietnamkrieg hätte ein anderes, siegreiches Ende genommen. Besonders einige Frauen in den Kursen haben sich unwohl gefühlt in seiner Gesellschaft. *He was an Alpha Male*, der Platzhirsch. Sportbesessen wie er ist, spielt er nebenbei im Footballteam seiner Hochschule.

In den Kursen – acht Stunden am Tag – wird kompromisslos ausgesiebt. Zumindest sieben Prozent der Immatrikulierten müssen, so verlangen es die Statuten, am Ende eines jeden Studienjahres die Schule verlassen. Kommilitone Steve jedoch scheut keine Konkurrenz. Er gilt als brillant, aber herrisch. Er zeigt Ellenbogen. Einmal mehr wird er zum Studentenvertreter gewählt. Mit dem Posten verbindet sich gerade in Harvard hoher Einfluss. Bannon ist der Verbindungsmann zur Fakultät, zu den leitenden Gremien. Er kann von nun an Karrieren fördern oder zerstören. *It was up to Bannon to argue for someone – or not.* Bannon hob oder senkte den Daumen. Schon damals gefällt er sich in der Rolle des Strippenziehers.

Wohl keine zweite Station seines sprunghaften und doch zugleich höchst stringenten Lebens hat tiefere Spuren hinterlassen als das Aufbaustudium in Harvard. Denn hier erwirbst du – so hat es Philip Delves Broughton, der Autor und Alumnat, einmal formuliert – »die Lizenz zum Führen«, die Technik des Siegens. Ob es sich dabei um eine Mayonnaise-Fabrik oder um das Staatswesen handele, sei letztlich zweitrangig. »An diesem Ort bekommst du beigebracht, wie du ohne Rücksicht auf Verluste Bataillone gewinnst, um die eigenen Vorstellungen durchzusetzen.« Das war für Bannon die Schule des Lebens.

Umso schmerzhafter muss es für ihn gewesen sein, dass sich auch in Harvard, seiner geistigen Heimstatt, heftiger Widerstand formierte, als Donald Trump bekannt gab, wen er zu seinem obersten Präsidentenberater küren wolle. Die tausend Frauen, die gegen Bannons Ernennung Sturm liefen, erinnerten angewidert an die sexistischen Kolumnen, die er einst bei »Breitbart News« als Chefredakteur verantwortet hatte, zum Beispiel einen Artikel wie diesen: »Empfängnisverhütung macht Frauen unattraktiv und verrückt.« Der Stratege im Weißen Haus sei zugleich der Steigbügelhalter der Alt-Right-Bewegung, der Ultra-Rechten, die bei einem Konvent, wie geschehen, schon einmal die Hand zum Führergruß recken und dabei ihren Schlachtruf »Heil Trump« grölen. Sie propagieren die Überlegenheit der weißen Rasse. Bannon, der Einbläser des Präsidenten, hat dieser völkischen Bewegung auf seiner Internetplattform aus innerer Überzeugung ein Forum geboten.

An der Elite-Universität macht sich Empörung breit. »Unsere Institution hat viele prominente Persönlichkeiten hervorgebracht«, heißt es im harschen Protestbrief der Harvard-Absolventinnen, »Steve Bannon verdient keinen Platz in der traditionsreichen Reihe.« Die Attacke hat Wirkung gezeigt. Eigentlich wollte er seine alte Alma Mater im November 2016 als prominenter Gast einer Konferenz von Wirtschaftsmagnaten besuchen. Doch als die Resolution der tausend Frauen quer über die Staaten für Aufsehen sorgt und sich gar ein Demonstrationszug ankündigt, sagt er ab: *He cancelled*. Er weicht einer direkten Konfrontation in letzter Minute aus. Ein Dunkelmann, ein Agitator, der sich hinter den Kulissen verschanzt, scheut den Schlagabtausch auf offener Bühne.

III.

Big Business: Hollywood, Warcraft und die »Bionauten«

Rund 700 Jungakademiker drängeln sich 1984 unter einem Zelt, das über den Harvard-Campus gespannt ist. Der Global Player unter den Investmentbankern, die Goldman Sachs Group, lädt zur Sommerparty, um sich vor Ort nach Stipendiaten umzusehen. Wer einen der begehrten Praktikumsplätze in Lower Manhattan ergattert, der hat die erste Hürde auf dem Weg zu einer Traumkarriere genommen. In der New Yorker West Street lassen sich, wie wohl nirgendwo anders, Kontakte für die Zukunft knüpfen. Hier werden die ganz großen Jobs vergeben. Hier arbeitet die Crème de la Crème der Weltwirtschaft. Maximal 20 Bewerber werden in den Semesterferien zu diesem Inner Circle vorstoßen. Von Goldman Sachs ist es nicht weit bis zu den Führungsetagen rund um den Globus.

Bannon fürchtet, hier wird er wohl kaum eine Chance haben. Er ist schon über 30 und damit vermutlich deutlich zu alt für Maßnahmen der Nachwuchsförderung. Er nimmt sich einen Drink und kommt mit zwei jüngeren Herren ins Gespräch. Sie diskutieren angeregt über Baseball. Erst nach einer halben Stunde erfährt er, mit wem er es zu tun hat: mit John Weinberg Junior, dem Filius des Chefs von Goldman Sachs. Der andere, Robert Steven Kaplan, ist der Sohn des Stellvertreters. Bei den beiden hat die Fachsimpelei offenkundig nachhaltigen Eindruck gemacht. *He is terrific,* einfach großartig, sagt Weinberg. Und ergo bekommt der so Hochgelobte zwar kein Stipendium, dafür aber weit mehr: einen festen Job im Unternehmen. Er wird noch ein weiteres Jahr in Harvard studieren, ist aber bereits in Lohn und Brot bei Goldman Sachs, als einer, der weitere Nachwuchskräfte anwerben soll, als *Recruiter.* Dann geht es ab an die Wall Street.

Die kommenden 20 Jahre wird sich Trumps späterer Chefstratege vor allem dem *einen* Ziel widmen: Geld zu machen. Bei seinem neuen Arbeitgeber erhält er dazu den letzten Schliff. Bannon hat der Öffentlichkeit nicht viel aus seinem Leben preisgegeben, aber aus dem, was er Goldman Sachs verdankt, macht er keinen Hehl. Das börsennotierte Investment- und Effektenhaus, sagt er in einem Hörfunkinterview Ende November 2016, stehe für »Vorzüglichkeit und Leistungsbereitschaft«. Unter den mehr als 30 000 Beschäftigten spiele es keine Rolle, wo der andere herkäme oder welcher Religion er angehöre. »Hier zählt nur, wie du arbeitest, wie intelligent du bist, wie gut du als Banker deine Kunden bedienst.« Er fühlt sich zurückversetzt an seine urkatholischen Wurzeln: *It was like joining the Jesuits.* Er fühlt sich aufgehoben wie in einem Orden der Jesuiten.

Er lernt, mit Millionenbeträgen zu jonglieren. Er schützt seine Klienten vor feindlichen Übernahmen. Bei Goldman Sachs, im Department »Mergers and Acquisitions«, scheint er heimisch zu werden. »Die Kameradschaft war unglaublich«, sagt er, »so ähnlich wie bei der Navy.« Andere hätten es sich auf einem hoch dotierten Posten wie diesem für den Rest ihres Lebens eingerichtet. Doch Bannon, der mit Ausnahme der Weihnachtstage jeden Tag am Schreibtisch verbringt, bleibt seinem Ruf treu, den er sich schon als rasanter Baseballspieler auf dem Zerstörer »Paul F. Foster« erwarb: *Coast-to-coast*. Er will weiter. Er will mehr. *Go west!*

Zwei Jahre New York sind genug. 1987 bittet er um Versetzung nach Los Angeles. Das trifft sich gut. Die Spitzen von Goldman Sachs haben beschlossen, verstärkt ins Unterhaltungsbusiness zu investieren. Bannon, der 1988 erstmals Vater wird, ist nun der Mann für Hollywood. Er soll insbesondere japanische Interessenten beraten. Ein Dutzend Mal fliegt er nach Tokio. Der Sohn eines Telefonkabelverlegers aus Virginia verhandelt mit millionenschweren Produzenten, fädelt weltweite Geschäfte ein und schnappt reichlich Höhenluft. Damals lassen sich rund um den Sunset Boulevard binnen kürzester Zeit schwindelerregende Gewinne erwirtschaften. Was liegt da näher, als sich selbstständig zu machen? Also Goldman Sachs ade!

1990 gründet er sein eigenes Unternehmen, »Bannon & Co«. Fortan logiert er in einer Nobelresidenz am Canon Drive. Er arbeitet effizient und ist geschäftstüchtig. Mithilfe seiner japanischen Partner von NHK-Enterprises produziert er den Spielfilm »The Indian Runner«, ein Millionen-Dollar-Projekt. Vor allem aber berät oder leitet er Medienunternehmen. Die Liste seiner Aktivitäten, die ein Datenblatt von Bloomberg dokumentiert, wirkt schwindelerregend: Der Finanzdienstleister Cowen Securities Corporation nimmt ihn unter Vertrag. In den First Look Studios oder beim Investor Jefferies & Company rangiert er als Direktor, in der American Vantage Mediengruppe als geschäftsführender Vorstand, im Hause Genius Products als Präsident. Hinzu kommt ein Posten als Treuhänder an der Schauspielschule American Academy of Dramatic Arts. Und alleiniger Chef von Bannon & Co, dem Investmentunternehmen fürs Filmgeschäft, ist er natürlich auch noch.

Wo er wie viel verdient hat, wissen wir nicht. »Aber ich denke«, sagt der Filmemacher Lionel Chetwynd zur »Los Angeles Times«, »er hat viel eigenen Nutzen aus Hollywood gezogen.« Ein anderer Zeuge, der nicht genannt sein möchte, wird deutlicher. Bannon hatte vor allem eines im Sinn: den ganz großen Reibach! *He just wanted to make a buck.* Das ist ihm offenkundig gelungen. In Hollywood wurde er zum Millionär.

Eine präzise Recherche des »New Yorker« dokumentiert allerdings: Viele Spuren hat der ubiquitäre Selfmademan vor und hinter den Traumfabriktoren nicht zurückgelassen. Er arbeitet schon damals bevorzugt im Hintergrund. Doch an seinen politischen Fanatismus kann sich ein einstiger Weggefährte noch gut erinnern. »Er predigte den konservativen Dschihad.« Verhandlungen über Filmprojekte hat er mit archaischen Schlachten verglichen, die martialisch wie die Peloponnesischen Kriege zu führen seien. Manch einem ist das offenbar gründlich auf die Nerven gegangen.

Er war und blieb Außenseiter. Einen spektakulären Coup aber konnte Bannon landen. 1993 beteiligt er sich an der erfolgreichen Sitcom »Seinfeld«, die über Jahre weltweit Rekordeinschaltquoten erzielte. Allein mit diesem Engagement, errechnet das Wirtschaftsmagazin »Forbes«, dürfte er 32,6 Millionen Dollar verdient haben. Doch die Geschichte hat eine bittere Pointe: Jerry Seinfeld, der jüdische Comedian und Protagonist der Serie, hätte, wenn es nach der Abschottungsstrategie des obersten Präsidentenberaters ginge, heute keine Aussichten mehr darauf, in Hollywood zu landen; seine Vorfahren mütterlicherseits stammten aus Syrien. Bannon erhält bis heute Tantiemen. Rob Reiner, einer der Produzenten der Serie, sagt: »Der Gedanke macht mich krank.«

Schon zu Zeiten des Seinfeld-Deals hätte Trumps heutiger Lenker seine düstere Sicht auf die Welt gerne eigenständig in Szene gesetzt. So wollte er etwa Shakespeares blutige Bühnentragödie »Titus Andronicus« cineastisch vom Römischen Reich ins Universum verlagern. Im Exposé nimmt ein apokalyptisches Drama den schlimmstmöglichen Verlauf. »Die Welt im Chaos«, monologisiert Bannons Titus, »Raumschiffe der Aliens tauchen aus der Dunkelheit auf. Der Himmel ohne Sonne lässt die Menschen fliehen.« Der Leinwandheld im All und seine Schwadronen, halb Licht und halb Leben, machen sich auf, um die von fremden Mächten bedrohte *Species humana* zu retten. Im Skript heißt es: »Die Rasse der Star Warriors ist dazu auserkoren, die Erde zu verteidigen, die Mutter aller Wesen von Fleisch und Blut, diesen letzten Platz im Universum, wo die Schönheiten der physischen Welt mit den sich auftuenden Gefahren zusammenleben können.«

Doch die abgedrehte Mission, bei der viel klebriges Ektoplasma fließt, scheitert im letzten Moment, weil die Retter den Einstieg in den Spaceshuttle zur Erde verpassen. Bereits Anfang der 90er-Jahre ergeht er sich in Phantasien des Untergangs. Nur leider: Niemand will Bannons schräge Filmpläne realisieren. Jedenfalls fürs Erste nicht. Der blockierte Science-Fiction-Autor sucht nach kreativen Ausweichmöglichkeiten – und wird in der Wüste Arizonas fündig. Dort winkt ein neuer Job.

Im kleinen Oracle, rund 30 Meilen nördlich von Tucson, hat der Ölmilliardär Edward Bass 1991 eine Zukunftswerkstatt zwischen Sand und Kakteen errichten lassen, die die Überlebensfähigkeit der Menschheit in einem futuristischen Treibhaus unter Extrembedingungen testen sollte. »Biosphere 2« heißt der groß angelegte Feldversuch, der aus seiner Hybris keinen Hehl macht. Hier, in der glühend heißen Pampa möge sich, im Modell, Gottes Schöpfung wiederholen. Der kleine Garten Eden sei, schreibt das Wissenschaftsmagazin »Discover«, die größte Herausforderung seit Kennedys Ankündigung, den Mond zu erobern. Es gilt zu klären, ob die Menschheit im Notfall auch extraterrestrisch weiterexistieren könne, wenn es auf dem Globus zu eng oder zu ungemütlich werde. Eine Schar von tollkühnen Forschern, die sich fortan Bionauten nennen, willigt ein, sich für zwei Jahre unter einer Glaskuppel einbunkern zu lassen.

Marieke Degen hat den »Probelauf fürs Leben im All« in einer Reportage plastisch beschrieben: »Auf einer Fläche von zwei Fußballfeldern gibt es einen Ozean mit Korallenriff, einen Mangrovensumpf, eine Wüste und einen Regenwald, außerdem Felder, Labors und Wohnungen. 4000 Pflanzen- und Tierarten tummeln sich unter dem gewaltigen Glasdach, von Hausschweinen über Fledermäuse bis hin zu Termiten. Die acht in marineblaue Overalls gesteckten Bionauten sollen hier völlig autark leben.« Für die Organisation des Experiments sorgt eine Gesellschaft mit futuristischem Namen: »Space Biosphere Ventures«.

Doch bald schon läuft das Projekt, dem der Romancier T. C. Boyle 2016 einen Bestseller widmete, dramatisch aus dem Ruder. Die zweite Genesis steht vor dem Aus. Die Expeditionsteilnehmer sind hemmungslos zerstritten. Auch als nach zwei Jahren eine neue Besatzung in die Station einzieht, bessert sich die Lage nicht. Die ersten Exemplare der importierten Fauna, die Bienen etwa, sterben aus. Dagegen werden die Ameisen zur Plage. Die Arche Noah des Atomzeitalters droht zu kentern. Und die Kosten steigen und steigen. Monat für Monat häufen sich die Verluste um eine Million Dollar. Da muss ein Krisenmanager her, ein eiserner Besen.

Bannon, der passionierte Navigator mit einem Faible für den Kosmos, übernimmt das Kommando. Er steht ohnehin bei Bass als Consulter unter Vertrag. Nun muss er sich als Krisenmanager beweisen. Die Unternehmung, die er *planet in a bottle* nennt, einen Planeten in Flaschenpostformat, fasziniert ihn. Später, auf seiner Internetplattform und dann als Trump-Berater, wird er den Klimaschutz, die Warnungen vor dem Ozonloch, immer wieder als hysterische Panikmache abtun, die der Weltwirtschaft horrenden Schaden zufüge. Diese Leute sind der »bare Abschaum«, *pure scum*, heißt es Januar 2016 in einer Kolumne von »Breitbart News«. Und Donald Trump wird, angeheizt von seinem Berater, im Wahlkampf erklären, dass er vor allem auf heimische Kohle setzen werde und der Ausstieg aus dem Pariser Klimaschutzabkommen oberste Priorität auf seiner Agenda habe. Am 1. Juni 2017 hat der Präsident zum Entsetzen der übrigen Welt bekanntlich Ernst damit gemacht.

In der Ödnis Arizonas aber wurde daeinst, obgleich nur für eine kurze Periode, der grüne Bannon erweckt. Die global gestiegenen CO_2- und Methanwerte, der Treibhauseffekt gäben, sagt er in einem Interview mit der Fernsehstation C-SPAN, allen Grund zur Sorge. Und darum sei die Unternehmung »Biosphere 2« so wichtig: »In der realen Welt, der ersten Biosphäre, müssen wir uns auf Computersimulationen verlassen. Hier indes können unsere Wissenschaftler die Einflüsse des Klimawandels auf Menschen, Pflanzen und Tiere hautnah erleben.«

Doch die Wüstenmission gerät zum Debakel. Bannon wird das defizitär arbeitende Management von »Space Biosphere Ventures« einfach nicht los. Auch seine Pläne, Anteile an der Ökostation weltweit zu verkaufen, bleiben ohne Erfolg. Kaum angekommen, quittiert er Ende 1993 entnervt seine Dienste. Aber der texanische Ölmilliardär, der seine Investition retten will, lässt nicht locker und beordert seinen Kombattanten ein Jahr später nach Oracle zurück. Der alte Kampf tobt weiter, nun aber verschärft. Begleitet von bewaffneten Marshalls kehrt er an seinen alten Arbeitsplatz zurück. Die Bionauten proben den Aufstand, als sie von der Wiederkehr des ewigen Kontrollfreaks erfahren, der zur Unterstützung gleich noch seinen Bruder Chris mitgebracht hat.

Es kommt zum offenen Eklat. Der »New Yorker« hat die Geschehnisse rekonstruiert. Abigail Alling, Mitglied des ersten Forscherteams und nun im Management des Ökounternehmens tätig, befiehlt in einer Nacht-und-Nebel-Aktion einem der Bionauten, dem Belgier Mark Van Thilo, die Notausstiege nach außen zu öffnen. Glas geht zu Bruch. Die beiden Rebellen werden, auf Bannons Ersuchen, wegen Sachbeschädigung, kurzfristig festgenommen. Alling setzt sich entschieden gegen die Vorwürfe zur Wehr. »Nein, das war keine Sabotage«, erklärt sie, »das geschah aus Verantwortung.«

Teile der Crew hatten sich mehrfach über Sicherheitsmängel an Bord beschwert. Die Nahrung wurde knapp, der Sauerstoffpegel sank bedrohlich. Alling verglich die Situation, gewiss ein wenig melodramatisch, gar mit dem Absturz der US-Raumfähre »Challenger«, bei dem 1986 sieben Astronauten ums Leben kamen. CEO Bannon stößt rüde Drohungen zum Himmel. Im Hinblick auf eine Gerichtsverhandlung, die eventuelle Schadensersatzansprüche klären soll, sagt er: »Ich werde ihr in den Arsch treten«, oder wie es im Original heißt: *I am going to kick her ass.* Einmal in Rage geraten, fährt er fort: »Ich schneide ihr die Gurgel durch.« *Ram it in her expletive throat!* Er verhöhnt sie als

Bimbo, was im englischen Slang eben auch »attraktive, aber dumme Frau« bedeutet. »Sie wird dafür bezahlen.« Wenn der Prozess vorüber sei, »wird sie erledigt sein«. Was Bannon nicht ahnte: die sexistischen Ausfälligkeiten wurden heimlich auf Band mitgeschnitten.

Am Ende einer langen juristischen Auseinandersetzung mit den Bionauten stand, anders als vom um sich schlagenden Geschäftsführer geweissagt, ein Erfolg der Forscher, die für die unter dem Glasdach erlittenen Torturen über 600 000 Dollar Kompensation zugesprochen bekamen. Stück für Stück wurde das Projekt abgewickelt und steht heute da als allenfalls noch touristisch nutzbares Denkmal. Der Freund des Dunkeln, der sich sonst ungern aus der Deckung wagt, hat dort einst, wenn auch nicht eben freiwillig, seltene Wesenseinblicke gewährt. Die jähzornigen Ausbrüche, insbesondere gegen das andere Geschlecht, sollten sich fortsetzen.

In den Morgenstunden des 1. Januar 1996 wird eine Polizeistreife zu einem Anwesen in Santa Monica gerufen. Ehezoff bei den Bannons. Der Hausherr hatte sich vor einigen Jahren von seiner ersten Frau getrennt und ist nun mit Mary Louise Piccard verheiratet. Das Paar hat zwei kleine Töchter. Zwillinge, neun Monate alt. Weil die Kleinen Krach machen und die Mutter nicht augenblicklich einschreitet, wird er gegen seine Partnerin handgreiflich. Die Cops bemerken Spuren von Gewaltanwendung am Hals und an den Händen. Die in Tränen aufgelöste Frau gibt zu Protokoll, ihr Mann habe sie zudem obszön beschimpft. *Crazy fucking cunt*. Eine Übersetzung ins Deutsche bleibe dem Leser erspart. Es sind die bereits aus Oracle vertrauten Sprüche.

Die beiden pflegten schon seit Längerem eine, gelinde gesagt, eigentümliche Verbindung. Als sich die Zwillinge ankündigten, erklärt Bannon der werdenden Mutter, die bereits über 40 Jahre alt ist, er werde sie nur dann heiraten, wenn sichergestellt sei, dass die Föten gesund seien. Behinderte Kinder will er nicht. Die ärztlichen Untersuchungen, deren Ablauf in den Scheidungsakten dokumentiert ist, erstrecken sich über dreieinhalb Monate. Drei Tage vor der Geburt gibt der Vater schließlich sein Jawort. Lang gehalten hat es nicht. Im August 1996 soll der häusliche Übergriff vor Gericht verhandelt werden. Doch Mary Louise Piccard erscheint nicht. Der Prozess platzt. Sie weiß, wird sie später erklären, wenn ihr Nochgatte im Gefängnis landet, hat sie kein Geld, um die Zwillinge zu ernähren. 1997 wird die Ehe geschieden.

Die beiden Töchter sieht Bannon nur selten. Seine Zeit reicht nicht. Engagement zeigt er allerdings, als es um die Ausbildung der beiden geht. Die Mutter hat sie auf dem Archer College für Mädchen in Brentwood, nahe der pazifischen Küste, untergebracht. Der Vater äußert 2007 massive Bedenken dagegen. Frau Piccard sagt später in einem Interview: »Das größte Problem, das er mit der Schule hatte, bestand in der Zahl der Juden, die dort eingeschrieben waren. Er sagte, dass er keine Juden möge und schon gar nicht die Art, wie sie ihre Kinder zu weinerlichen Gören erzögen.« Die unverhohlen antisemitische Attacke ist, als Bannon in Trumps Dienste trat, häufig zitiert worden. In Abrede gestellt hat er sie nie.

Das Statement wider die »weinerlichen Gören« scheint freilich noch in anderer Hinsicht aufschlussreich. In seinem Weltbild haben schon damals Schwäche oder Verwundbarkeit keinen Platz. Er träumt von siegreichen Kämpfern und Kriegern. Bannons Existenz, auf einem Zerstörer im Indischen Ozean gestählt, gilt dem Krawall – und dies nicht nur innerhalb der heimischen Wände. Auch Hollywood hätte er gern im Aggressionsmodus erobert. Nicht als Banker, sondern als Autor und Regisseur. Zu der Zeit, als die Trennung von seiner zweiten Frau die Gerichte beschäftigt, arbeitet er an einem Hip-Hop-Musical der besonders grausamen Art. Ein bizarres Spektakel. Wiederum steht William Shakespeare Pate.

Er schreibt an einem Drehbuch, in dem er, einmal mehr vom Geist der Antike beseelt, die Tragödie des Coriolanus aus dem 5. Jahrhundert vor Christus in die Gegenwart transportiert. Die erstickte Revolte der hungernden Plebejer in Rom, die Geschichte des römischen Kriegshelden, der aus Überzeugung die Seiten wechselte und sich von Freund und Feind nicht vereinnahmen ließ, verlagert Bannon nach Los Angeles, in die Monate der Rassenunruhen von 1992. Die blutigen Schlachten damals zogen sich über Tage hin. Das Militär griff ein. Die Schreckensbilanz: 53 Tote und mehr als 2000 Verletzte. Die Sachschäden beliefen sich auf rund eine Milliarde Dollar. Ursache des Aufstands war der Freispruch von vier weißen Polizisten, die ein Jahr zuvor auf den Schwarzen Rodney King aufs Brutalste eingeprügelt hatten. Bannon, der die Auswüchse in seinem kalifornischen Wohnsitz aus der Nähe miterlebte, wittert Stoff fürs große Kino und diktiert seiner Mitarbeiterin Julia

Jones den Entwurf für ein Rap-Musical: »The Thing I am«, die Sache, die ich bin. Schon der Titel scheint kryptisch.

Auf Shakespeares Bühne marschierten Römer und Volsker gegeneinander auf. Im Szenario für Hollywood sind es die Straßengangs der »Bloods« und der »Crips«, die einander bekämpfen. Und in der Mitte der Bannon'sche Coriolan, ein schwarzer Bandenführer, der auf einer Harley Davidson als Retter heranbraust. Wie schon im »Titus Andronicus« ist der Ort der Handlung das Chaos. »Die Stadt in Flammen. Hubschraubergedröhn über den Schlachtfeldern«, heißt es in den Regieanweisungen. Die Zeit verlangt nach einem starken Führer. Und der ist hier kein Mann von Adel. Der Held des Musicals, ein früher Pop-Titan, verschafft sich mit derben Worten Respekt, von denen *Motherfucker* noch das harmloseste ist. Zelebriert wird eine Gossenschlacht, brünftiges Wortgeklingel, dessen Sinn oft dunkel bleibt: »Stillen ist nicht sehenswerter, als wenn eine Stirn Blut ausspuckt.« Das verstehe, wer wolle.

Der antike Coriolan-Stoff ist im Laufe der Jahrhunderte oft kühn in die Gegenwart übertragen worden. Günter Grass etwa verlagerte den Konflikt um Herrschaft, Rebellion und Zivilcourage nach Ostberlin, in die Geschehnisse rund um den 17. Juni 1953, dabei Bertolt Brecht wegen seiner mangelnden Solidarität mit den Aufständischen hart attackierend. Die Debatten, die folgten, waren erregt. So abstrus und geschichtsvergessen wie Bannon aber ging kein Zweiter ans Werk. Das Projekt blieb unrealisiert, aus gutem Grund, und wurde erst knapp 20 Jahre später von einer Schauspielertruppe in einer mitleiderregenden

Lesung auf die Bühne gebracht. Da war der einst unbekannte Autor bereits zum skandalträchtigen Präsidentenberater aufgestiegen, der die Geschicke der USA maßgeblich bestimmte und den es nun in all seinen Facetten gründlich zu durchleuchten galt.

Wer artistische Qualitätskriterien hintanstellt, wird durchaus fündig. *The thing I am* – frei übertragen: die Sache, die mich ausmacht – lässt sich auf einen einfachen Nenner bringen: Krieg und Gewalt, das niemals endende Bannon-Thema! Die Straßen sind in die Hände von Gangstern gefallen. Die »Bloods« und die »Crips« bringen sich gegenseitig um, damit – dem Prinzip der Rache folgend – bald schon neue Gangsterbosse an die Macht kommen. Und selbst wenn die verfeindeten Gangs eines Tages miteinander Frieden schlössen, gäbe es kein Entrinnen aus dem blutigen Kreislauf. Denn der Rassenhass zwischen Schwarz und Weiß wird weitergehen. Am Ende tönt aus dem Off eine mächtige Stimme, die »Gangsta Voice«, das Organ des obersten Gangsters. »Auge um Auge, Zahn um Zahn: Wenn die Polizei von Los Angeles einen Schwarzen verletzt, dann werden wir dafür zwei Cops umbringen.« – ... *we'll kill two. Pow. Pow. Pow.* Bannon, der die Sprache der Klassiker, das Kirchenlatein und die Kommandos beim Militär beherrscht, will sich in der Sprache des Pop-Zeitalters beweisen. Als Musicalschöpfer fühlt er sich zum Rapper der Rechten berufen. In dieser Rolle jedoch trifft er nicht den richtigen Ton. Der Durchbruch bleibt aus.

Also tummelt er sich auf anderen Feldern. Er investiert etwa in das Headhunter-Unternehmen »The Firm«, das

Nachwuchstalente für Hollywood vermittelt. Er reaktiviert seine alten Kontakte zu Goldman Sachs, um dabei zu helfen, zweistellige Millionenbeträge für die Weiterentwicklung eines Computerspiels zu beschaffen: »World of Warcraft«. Die Welt des Kriegshandwerks. Das ist ihm auf den Leib geschnitten. Im virtuellen Raum rüsten sich verschiedene Völker zu immer neuen Schlachten. Wer mit dabei sein will, sei es als Todesritter, Schamane oder Mönch, darf sich einklinken, muss dafür allerdings ein monatliches Entgelt an den Anbieter entrichten. Der bekennende Freund des Waffenkampfs treibt das Geschäftsmodell energisch voran: Er überzeugt seine einstigen Kollegen von Goldman Sachs, 60 Millionen US-Dollar in die Entwicklung einer Bezahlmöglichkeit für die virtuellen Kämpfer rund um den Erdball zu investieren. Die Rechnung geht auf. Heute gehört die interaktive Plattform zu den begehrtesten Vergnügungen im Netz. 5,5 Millionen Abonnenten spülen mittlerweile über eine Milliarde US-Dollar in die Kassen. Mit seinem Einstieg bei »World of Warcraft« hat Bannon seinen ersten Krieg gewonnen.

Wenn es um Geldmaximierung geht, kann er die eigenen Passionen freilich auch zurückstellen. So beteiligt er sich an einem Filmprojekt, das den Weg eines politischen Gegners würdigen soll: »Stromaufwärts: Der lange Krieg des John Kerry.« Mit Empathie wird da der Weg des Spitzenmanns der amerikanischen Demokraten nachgezeichnet, vom Vietnam-Soldaten zum Friedensaktivisten. Bannon scheint durchaus flexibel. Einmal, 2003, hat der Ideologe sogar für kurze Zeit einen Abstecher auf gänzlich entlegenes,

vollkommen ideologiefreies Terrain gewagt. In Sarasota/
Florida wird er Mitglied des Board of Directors bei dem
börsennotierten Unternehmen »SinoFresh«. Das produziert, man staune, Nasenspray. Das Medikament wirkt,
entnehmen wir dem Beipackzettel, »wie ein Bulldozer« gegen den Schnupfen. Wir sehen: Auch im Kampf gegen die
Mikroben wird schweres Geschütz aufgefahren. Bannon ist
einmal mehr im Krieg – und das Leben eine Vielfronten-
schlacht.

IV.

Leinwand-Obsessionen:
Auf der Suche nach Helden
und Schurken

Nur wenige andere haben es während ihrer Lehr- und Wanderjahre weiter gebracht als er. Allerdings war Stephen Kevin Bannon auch lang auf der Walz, auf der Suche nach einer gefestigten Stellung fürs Leben. Was hat er nicht alles unternommen: einen Zerstörer über die Weltmeere geleitet, ein Netzwerk von Firmen geflochten, Shakespeare in die Jetztzeit überführt, mit Kriegsgeheul von einer Station zur anderen geeilt. Angekommen ist er nie.

Doch dann, rund um den 50. Geburtstag, verordnete sich der Unbändige, dessen Vita zuvor an einen Durchlauferhitzer erinnerte, eine folgenreiche Selbsttherapie. Er will in seine Wesenheit treten und dreht fortan Filme, um am Set, am Schneidetisch, die Ängste, die ihn plagen, seine Zwangsvorstellungen vom unausweichlichen Kreuzzug gegen das Böse in Bilder zu fassen. Kurzum, er wechselt ins Regiefach.

In der Dunkelheit des Kinos hat Bannon sein Medium gefunden. Die stets unheilschwangeren Streifen, die er zwischen 2004 und 2016 schuf – es sind ein gutes Dutzend –, nennt er Dokumentationen. Eigentlich aber sind es Streifzüge durch die eigenen Seelenlandschaften. Eingebettet in düster dräuende Musik-Collagen verbreitet sich apokalyptische Stimmung. Bannons Weltbild wird plastisch. Die Schuldigen am großen Untergang sind schnell ausgemacht: Kommunisten und Blockupy-Aktivisten, die Woodstock-Generation, der Islam oder die Clintons. Um Gefallen an diesen Filmen zu finden, muss man von ganzem Herzen hassen können. *For Haters Only,* vorbehalten für Hasser, titelte treffend der »Guardian«. Bei Bannon gibt es nur Freunde und Feinde, Titanen und Schurken. Nach gemischten Charakteren sucht man vergeblich.

Den Anfang des Œuvres im Oktober 2004 markiert eine amerikanische Heldensaga, der Kniefall vor einer seit Navy-Zeiten vergötterten Vaterfigur, deren Karriere einst ebenso im Kino begann: »In the Face of Evil. Reagan's War in Word and Deed« (Im Angesicht des Bösen. Ronald Reagans Krieg in Wort und Tat). Es ist die Beschreibung einer monumentalen Schlacht gegen, wie Bannon sagt, all die »Biester«, die er in seiner finsteren Filmchronik des 20. Jahrhunderts an allen Ecken und Enden ausmacht. Er unternimmt eine ungestüme Tour d'Horizon durch die Zeitgeschichte, Die Attentäter von Sarajevo, die im Juni 1914 den Ersten Weltkrieg auslösten, Hitler, Stalin, Mussolini, Chruschtschow, Che Guevara oder Honecker sehen sich, historisch kühn, in ein und dieselbe Ahnenreihe gesetzt.

Leichenberge türmen sich, Bombenteppiche fallen vom Himmel. Schüsse an der Berliner Mauer peitschen. Im Hintergrund werden fromme Trauerchoräle angestimmt. Letztendlich nur einer habe den Schneid gehabt, den Kampf mit dem Biest, mit dem Übel der Welt aufzunehmen: Ronald Reagan eben, das eiserne Vorbild seit Langem: »Das Böse ist machtlos, wenn die Guten unerschrocken sind.« Der Kommentator greift mächtig in die Leier und verklärt den von den Staatssicherheitsdiensten des Ostens Verfolgten zum Missionar von Gottes Gnaden, der in einer eingeschnittenen Rede nicht eben bescheiden erklärt: *We are a nation under God.* Sätze wie dieser haben bei Bannon bleibenden Eindruck gemacht.

Der argumentiert darum in seiner cineastischen Huldigung, es könne nur die Eingebung einer höheren Fügung gewesen sein, dass der 40. Präsident der Vereinigten Staaten ebenso wie der polnische Papst Johannes Paul II., beide erklärte Kämpfer gegen den Kommunismus, etwa zur gleichen Zeit einen Attentatsversuch überlebt hätten. Da sei der Allmächtige im Spiel gewesen, der nicht nur den Pontifex Maximus, sondern auch Reagan aus gutem Grund beschützt habe. Denn der hat, das ist die Lehre nach 110 Leinwand-Minuten, die einzig richtige Entscheidung getroffen: die Zeit der Abrüstung, der Helsinki-Verträge zum Teufel zu jagen und, auf Cruise-Missiles gestützt, einen aggressiv formulierten Auftrag zu vollstrecken, die Vernichtung der kommunistischen Herrschaft: »The destruction of the Soviet Union«. Schon damals, im Jahr 2004, fasziniert Bannon das Vokabular der Zerstörung, das er auch später, nach seiner Invasion ins Weiße Haus bemühen sollte.

Am Ende des Debüts als Filmemacher ist die alte Hackordnung zwischen den Großmächten wiederhergestellt: im Vordergrund ein gewaltiges Sternenbanner, dahinter, verschwindend klein, die Fahne der untergegangenen Sowjetunion. Unerwähnt bleiben Ronald Reagans Sündenfälle – ob nun die wachsende Armut im Land, die Iran-Contra-Affäre oder die Schuldenlast. Sogar den massiven Ausbau des Staatsapparats scheint ihm der junge Bannon zu verzeihen. Der alte Präsident verkörpert für den debütierenden Filmemacher vor allem eines: dass ein positiver Fortgang der Geschichte starker Männer bedarf, die sich – und sei es im Überraschungscoup – an die Macht kämpfen. »Niemand hatte mit ihm gerechnet«, heißt es da in beklemmender Weitsicht, »alle haben ihn als abgehalfterten Cowboy unterschätzt.« Für Donald Trump sollte, Jahrzehnte später, in gewisser Weise, Ähnliches gelten. Bannons Opus Nummer eins war zwar alles andere als ein Kassenschlager, sorgte aber dafür, sagt Julia Jones, die schon am Coriolan-Skript mitgearbeitet hat, »dass er in der Welt der Politik Washingtons ankam«.

Das Lichtspiel, zu betrachten in einer schlechten, mit deutlich überhöhter Geschwindigkeit abgespulten Raubkopie bei YouTube, lebt von der Überzeichnung des Protagonisten und badet in Pathos. Gepriesen sieht sich eine amerikanische Siegfried-Gestalt, ein ewiger Triumphator, sei es im Kampf gegen streikende Arbeiter in Hollywood, sei es im Duell mit den Machthabern im Kreml. Dabei nimmt es Bannon mit der historischen Wahrheit nicht immer ganz genau. Unterschlagen wird etwa, dass Reagan keineswegs ausschließlich der Hardliner war, sondern bereits 1984 erklärte: »Wir müssen und werden mit den Sowjets einen Dialog führen.« Bannon aber zeichnet nur den Krieger. »Die Bewunderer«, seufzte Michael Reagan, »erfinden meinen Vater immer wieder neu, je nach ihrer Vorstellung.«

Bezeichnend ist, dass Bannon, der versessen aufs Gewinnen ist, in seinem Kino-Nekrolog den wohl größten Sieg Reagans ausblendet, der zugleich aus einer Niederlage, dem Eingeständnis der eigenen Verwundbarkeit bestand: jene Botschaft an seine amerikanischen Landsleute, in der er 1994 mit viel Courage seinen der fortschreitenden Alzheimerkrankheit geschuldeten Rückzug aus der Öffentlichkeit bekannt gab: »Ich beginne nun eine Reise, die mich zum Sonnenuntergang meines Lebens führt, in der Gewissheit, dass über Amerika immer wieder ein strahlender Morgen heraufdämmern wird.« Einer, der in Stille seinen Frieden sucht, hat keinen Platz in Bannons Kampfkosmos, in dem nur für stählerne Helden und abgefeimte Bösewichter Platz zu sein scheint. Und natürlich für jede Menge Schlachtgedröhn. Der Ausblick in der finalen Sequenz des Films ist entsprechend finster. Reagan ist Geschichte. Und das Böse, das Biest, gegen das er focht, ist wieder auferstanden. Die Türme des World Trade Centers kollabieren in Zeitlupe, wiederum untermalt mit traurigen Chorälen. Dazwischengeblendet sind Muslime, die beten, demonstrieren und schließlich zu den Waffen greifen. Nein, gelassen, versöhnlich darf bei Bannon nichts enden.

Seine Filme sind Bruchstücke einer großen Konfession. Nahezu alles, was der White-House-Stratege heute seinem

Präsidenten einflüstert, hat er in seinen Unternehmungen fürs Kino schon einmal vorweggenommen. Ein Exposé aus dem Jahr 2007 skizziert die Apokalypse: »The rise of Islamic Fascism in America« – den Anbruch des islamischen Faschismus in seiner Heimat. Das Opening hat Bannon genau vor Augen: Auf dem Kapitol weht eine Flagge mit Halbmond und Stern. Aus dem Innern des entweihten Gebäudes dringen Allahu-Akbar-Rufe. Radikale Muslime haben die Islamic States of America ausgerufen. Die Tragödie entwickelte sich schleichend. Es habe, ist im Storyboard zu lesen, in der Bevölkerung einfach keinen Willen zur Gegenwehr gegeben.

Bannon fühlt sich zum Einschreiten berufen. Er ist Alarmist aus Überzeugung. »Ein weltweiter Heiliger Krieg wird aufziehen, finanziert vom Kapitalfluss der Ölmärkte. Dieser Krieg hat nur das eine Ziel: Die westliche Zivilisation anzugreifen – und zu zerstören.« Eine »Kultur des Hasses« sieht er heraufziehen. Dass er selbst, bis heute, zu dieser Kultur des Hasses, zur Spaltung der Gesellschaft beiträgt, will ihm nicht in den Kopf. Immerhin fand sich damals noch kein Financier, der bereit gewesen wäre, in das islamophobe Weltuntergangsprojekt zu investieren.

Die meisten Obsessionen des heutigen Trump-Strategen spiegeln sich allerdings tatsächlich auf der Leinwand wider, auch der in der Wahlkampagne groß angekündigte Irrwitz, sich gegen die mexikanischen Nachbarn mithilfe einer Mauer abzuschotten, findet sich in einem Leinwand-Opus, an dessen Entstehen Bannon direkt beteiligt war und sich zur Verstärkung wieder einmal Bruder Christopher mitbrachte:

»Boarder War: The Battle Over Illegal Immigration«, Krieg an der Grenze: Der Kampf wider die illegale Einwanderung. Ein Werk aus dem Jahr 2006. Im erprobten Freund-Feind-Muster werden Geschichten aus dem 20 000-Seelen-Ort Nogales/Arizona erzählt. Bis nach Mexiko sind es von hier aus nur ein paar Meter. Hinter einer Zaunanlage beginnt das Reich der Azteken.

Doch aller Stacheldraht hilft nichts: Die Invasion der Latinos scheint, wenn man den Bildern des Films glaubt, nicht zu stoppen; die hält kein Zaun zurück. Mit versteckter Kamera werden wilde Verfolgungsjagden gedreht, auf denen eigentlich nichts zu erkennen ist. Allenfalls schemenhaft erkennbare Wesen kriechen durchs Gebüsch. Kommt die Rede auf die Grenzgänger ohne gültige Einreisepapiere, spottet der Kommentator über »Aliens«, also über Fremde, Eindringlinge von einem anderen Stern, die auf US-Boden nichts zu suchen haben. Das Faktum, dass viele von ihnen für wohlanständige Bürger Amerikas zu Dumpinglöhnen und oft unter erbarmungswürdigen Umständen arbeiten, fällt unter den Tisch.

Stattdessen wird ein tragischer Einzelfall rekonstruiert: Am 29. April 2002 geschah ein grausiger Mord. Damals wurde der 33-jährige Sheriff David March von einem Mexikaner, der sich illegal auf amerikanischem Staatsgebiet aufhielt, bei einer Kontrolle erschossen. Die weinende Witwe kommt immer wieder zu Wort. Das sind anrührende Momente. Allein, so furchtbar der Vorfall auch war: Mit dem kleinen Ort Nogales, dessen Geschichte die vermeintliche Dokumentation zu erzählen vorgibt, hatte der Mord nicht das Geringste zu tun. Er geschah im kalifornischen Irwindale. Und das liegt 538 Meilen westlich. Bannon will nicht aufklären, er entwickelt keine Neugier. Er reiht Fälle – so wie später auch bei »Breitbart News« – willkürlich aneinander, bis sie ins eigene Weltbild passen. Er hat nur das *eine* Ziel: Stimmung zu machen und Angst zu verbreiten. Dabei lässt er bereits damals, 2006, auch gegenüber republikanischen Parteifreunden keine Milde walten. Auch Präsident George W. Bush sieht sich von mehreren Interviewten heftigst in die Mangel genommen, weil er die Grenze nicht dicht genug gemacht hat.

Wie aber finanziert er seine Propagandafeldzüge, wie zum Beispiel das Projekt »Boarder War«? An der Kinokasse gewiss nicht. Der Film brachte es, folgen wir Wikipedia, auf gerade einmal 20 Vorstellungen. Aber er hat mit seinen Unternehmen dermaßen viel Geld verdient, dass ihn das nicht kümmern muss. Er residiert in Los Angeles, aber 2006 kauft er sich mit seiner dritten Frau, der Tea-Party-Aktivistin Diane Clohesy, für 1,3 Millionen Dollar ein Luxusappartement in Lower Manhattan. Nur zwei Jahre später verkauft er es wieder mit satten 900 000 Dollar Zugewinn. Bannon weiß, wie man Geschäfte macht.

Zudem verfügt der Agitator und Banker über handverlesene Kontakte. Bei einer Non-Profit-Organisation namens »Citizens United« wurde er mit offenen Armen empfangen. Vom Auftrag her der Förderung wohltätiger Zwecke, der Subventionierung von Kultur und Bildung verpflichtet, hat sich die Vereinigung vor allem als Unterstützer ultrakonservativer Kampagnen einen Namen gemacht. Mit Filmen,

TV-Spots und Zeitungsanzeigen wurde gegen die Vereinten Nationen, gegen die Clintons, gegen den unbotmäßigen Michael Moore Stimmung gemacht. Ihre vermeintliche und steuerlich stark begünstigte Gemeinnützigkeit beschäftigte über Jahre die Gerichte. Hier ist Bannon richtig. Schon die Website macht aus der aggressiv nach außen getragenen Parteilichkeit keinen Hehl. Am 20 Mai 2017 etwa sind folgende Kampfparolen zu lesen: *Stop the Liberals, Oppose Obamacare,* stoppt die Liberalen, stellt euch gegen Obamacare, und: *Citizens United for the Trump-Agenda.*

Zu den Hauptunterstützern der Organisation zählen seit der Gründung 1988 die Gebrüder Charles und David Koch. Die beiden Ölbarone mit Firmensitz in Washington, die jeden staatlichen Eingriff in die kapitalistische Wirtschaft, wie etwa den Klimaschutz hassen, sind zugleich die wichtigsten Sponsoren der Republikaner. Das Duo, die sogenannte Koch-Armee, gehört zum rechten Spektrum der Partei und nimmt über ein weitverzweigtes Netzwerk heftig politischen Einfluss. Gegen ihre Macht ist auch der Präsident gelegentlich chancenlos. Als Trump im März 2017 das Gesundheitssystem Obamacare mit einem mauen Kompromiss aus der Welt schaffen wollte, riefen die Brüder zum Widerstand auf, drohten den Abgeordneten, falls sie für den ihnen viel zu zahmen Entwurf stimmten, unverhohlen mit dem Entzug ihrer Zuwendungen – und setzten sich durch.

Über Citizens United ist auch Bannon seit Jahren fest im System der Kochs verankert. Der Politaktivist David Bossie, Präsident der Organisation, gehört zu seinem engsten Freundeskreis. Er ist nicht nur Produzent, sondern liefert auch ideologisches Rüstzeug und schreibt an den Drehbüchern fleißig mit. Sie arbeiten Hand in Hand. Auf dringliche Empfehlung Bannons wird ihn Donald Trump im September 2016 zum stellvertretenden Direktor seiner stockenden Wahlkampagne ernennen.

Erst einmal werden allerdings gemeinsam Agitationsfilme gedreht. Kochs Millionenzuwendungen machen es möglich. Die Summen sind beträchtlich. Durchaus verwundert zitiert die »Washington Post« aus den Steuerunterlagen von Citizens United: Allein zwei Nebenwerke des manischen Arbeiters Bannon, beide aus dem Jahre 2010, schlagen mit 3,6 Millionen Dollar zu Buche. Der eine Film »Battle for America« ruft zum patriotischen Kampf gegen die Obama-Administration auf, der andere, »Fire from Homeland«, preist das Feuer edler Gesinnung, das vaterländisch gesinnte Republikanerinnen, die konservativen Frauen, in ihrer Heimat entfacht hätten. Die Bilanz der »Non-Profit-Organisation« weist die Hervorbringungen unter dem Posten »pädagogische Dokumentationen« aus. Erzieherische oder dokumentarische Qualitäten aber haben die Streifen kaum. Das eint sie mit all den anderen. Und doch sind sie von unschätzbarem Wert. Denn ohne Bannons cineastische Gehversuche wüssten wir unendlich viel weniger, wie es um das Innenleben des präsidialen Chefstrategen wirklich bestellt ist.

Auch in »Generation Zero«, ein weiteres Werk aus dem Jahr 2010, ging er gemeinsam mit Bossie an die Arbeit. Der Film hat ein großes Thema: die weltweite Bankenkrise, die 2008 mit dem Zusammenbruch des New Yorker Geldhauses

Lehman Brothers begann. Steve Bannon will die Schuldigen ausmachen und findet sie schnell. »Die These des Films«, schreibt Kathleen Hildebrand, Redakteurin der »Süddeutschen Zeitung«, in ihrer klugen Analyse: »Nicht der unregulierte Finanzmarkt war schuld am großen Zusammenbruch von 2008, sondern der Niedergang der amerikanischen Kultur. Ein Niedergang, den Bannon zu den Hippies und Jugendbewegungen der Sechzigerjahre zurückführt. Ja, richtig gehört, Woodstock ist schuld. Die Konzentration auf sich selbst und die Priorisierung der eigenen Bedürfnisse vor allem anderen habe schließlich die maßlose Gier der Banker möglich gemacht.« Es ist die Kapitalismuskritik eines Millionärs, der seine Animositäten pflegt und sich für die strukturelle Amoral der Weltwirtschaft nicht interessiert.

Fürwahr, das Sittengemälde, das Bannon in den grellsten Farben malt, ist abgründig. Platter Symbolismus führt den Pinsel, um ein Abbild der Dekadenz zu zeichnen. Pflanzen welken im Zeitraffer, Paprikaschoten verfaulen, Flugzeuge explodieren, Dominosteine purzeln, Zeitungsseiten mit Börsenkursen gehen in Flammen auf. Ein feister Kapitalist zündet sich seine Zigarre mit einer Hundert-Dollar-Note an. Ein Banker liegt in den Armen einer leicht geschürzten Dame des Gewerbes, indes ein Weißer Hai blutrünstig die Zähne fletscht. Das ist der Stoff, aus dem Bannons Albträume sind. Wieder einmal scheint die Apokalypse nah.

Geradezu kindlich naiv schneidet der Regisseur, der sich als Monteur des Horrors begreift, Filmaufnahmen aus den 50 Jahren dagegen, als die Welt und auch die Familien noch heil waren. Mutti tischt den Turkey auf, Vati wäscht das

Auto. Eine fröhliche Kinderschar tollt im heimischen, von einem weißen Zaun umgrenzten Garten. So haben es die tüchtigen Vorfahren der amerikanischen Mittelklasse zu Wohlstand gebracht, zu einem kleinen behüteten Glück zumindest. Doch leider haben sie, beklagt Bannon, ihre Kinder nicht mit der nötigen Härte erzogen. Overprotected! Die Erinnerungen an Depression, Suppenküchen und Krieg sollten den Nachwuchs nicht beschweren. Das zeitigte, so Bannon, fatale Folgen.

Nur folgerichtig trat die »Generation Zero« auf den Plan, die Generation der Nullen, ohne Anstand und Verantwortungsgefühl. Die Generation der Selbstvernarrten, der Blumenkinder mit den Love- und Peace-Zeichen, die natürlich ebenso Bannons Bildteppich bevölkern. Denn sie bilden, folgt man der dunklen Logik des Films, heute die marode Elite der USA, der es an nationaler Begeisterung und Pflichtbewusstsein fehlt. Ohne die Quelle zu benennen, hat er die Thesen des Historikers Christopher Lasch trivialisiert, der in seinem Bestseller »Das Zeitalter des Narzißmus« schon 1980 der amerikanischen Gesellschaft einen neuen, dekadenten Ichkult attestierte. Liberale Reformer und »Sozialingenieure« hätten das Charakterbild des narzisstischen Neurotikers zum alles beherrschenden Massentypus werden lassen.

Diese kühne Diagnose macht sich Bannon nun auf ganz eigene Weise zu Nutze. Im altbewährten Freund-Feind-Schema stellt er zwei Ereignisse aus dem Sommer 1969 gegeneinander: Die erste Mondlandung und das Festival von Woodstock. Hier die Heldentat, der gewonnene Wettlauf gegen die Russen: *Americans can do everything,* Amerikaner können alles, hieß die Parole von damals, die der Kommentar gerne aufnimmt. Dort der Triumph des Vergnügens über die alte, puritanische Arbeitsmoral, die Dauerparty der zugedröhnten Hippies, die sich im Schlamm suhlten. Geradezu genüsslich zeigt der Film diese Szenen. Altes und Neues Amerika: der Verfall der Sitten. Wo immer man hinschaue: falsche Idole. Der Film stellt warnende Beispiele an den Pranger: die Black Panthers, der Drogen-Guru Timothy Leary, die »Yippie«-Leader Abbie Hoffman und Jerry Rubin, Mitbegründer der Partei »Youth International Party«, die als politisierte Hippies in der New Yorker Börse als Zeichen des antikapitalistischen Protests Dollarnoten verbrannten. Lauter Verderber der Jugend, der verkommenen Generation Zero.

Da sei es nur folgerichtig, dass auch der Staat verrotte, die von Verantwortungslosen geführten Banken kollabierten. Sirenen heulen auf. »Wir sind Zeugen eines Unheils«, raunt der Kommentar, »wie es noch niemals geschah.« Zumindest in den vergangenen 80 Jahren nicht, womit Bannon wieder auf die Vier-Jahreszeiten-Theorie von Strauss und Howe zurückkommt, der zufolge sich der große Kollaps zwangsläufig in regelmäßigen Abständen wiederholt. Der Zuschauer sieht Bilder aus Gottes weiter Natur: Aufplatzende Knospen, blühende Wiesen, das fallende Herbstlaub. Dann bestätigt Neil Howe im Interview die Diagnose vom bevorstehenden Untergang. *Winter is coming!* Der bittere Frost wird über uns kommen. Dagegen war die Weltwirtschaftskrise, die Bannon in Schwarz-Weiß-Bildern herbeizitiert, ein müdes Vorspiel.

Lauter Klischees, gelegentlich nah an antisemitischen Stereotypen. Eine Sau liegt am Boden. An ihren Zitzen hängen die Ferkel. Die Stimme aus dem Off nennt die Namen der Aussauger, der von Juden begründeten Bankhäuser: Lehman Brothers, Bear Stearns und, man staune, Goldman Sachs, der einst verklärte Arbeitgeber, bei dem Bannon das Handwerk des Big Business erlernte. Aber im Taumel der großen Abrechnung bricht er mit allem. »Aus Hippies wurden Yuppies. Aus den Yuppies wurde die High Society, aus der Woodstock-Generation die neue Elite, die sich nur noch global orientiert und keine nationalen Werte mehr kennt«, empört sich der Kommentar, »die Babyboomer haben die Wall Street übernommen.« Dass auch der Babyboomer Bannon die Börse eroberte, bleibt unerwähnt. Sein Rundumschlag gegen die eigene Nachkriegsgeneration ist parteiübergreifend. Er geißelt die Clintons, er geißelt Barack Obama, er geißelt aber auch Expräsident George W. Bush. Alle gehören sie, so will uns der Film suggerieren, zum Wanderzirkus der Eliten, zur »Party von Davos«.

Der beklagenswert wenig analytische Film über den Bankencrash verrät eine Menge über Bannons politisches Denken. Er ist getrieben – und das eint ihn mit Donald Trump – vom schieren Ressentiment. In der aggressiven Auseinandersetzung mit dem ausgemachten Feind, hier mit der diffus skizzierten Generation Zero, sucht er ein Ventil für seinen Zorn, der im Fall der globalen Pleitewelle von 2008 höchst konkrete und weitreichende Ursachen hat.

Der Vater, Martin Bannon, mit seinem erfolgreichen Filius aufs Engste verbunden, hatte sein über mehr als 50 Jahre angespartes Vermögen in Aktien seines Arbeitgebers AT&T angelegt. Die Kinder sagten einst ihm nach, er, der streng gläubige Katholik, würde eher aus seiner Kirche austreten, als seine Anteile zu veräußern. Am 8. Oktober 2008 aber verkauft er die Papiere in Panik – und verliert über Nacht mehr als 100 000 Dollar. Der Schock hat auch Sohn Stephen verändert. Dem »Wall Street Journal« erklärt er im März 2017: »Alles, was bei mir seit dieser Zeit geschehen ist, kommt von diesem Erlebnis. Alles!« Da mag ein wenig Übertreibung mitschwingen. Aber seit der Nacht, als Martin Bannon sein Geld verlor, sieht er Amerikas ehrliche Arbeiter, die *hard working people*, von Feinden umzingelt, die angetreten sind, den American Dream zu zerstören. Ob es nun die pflichtvergessenen Banker sind oder die Einwanderer aus fremden Kulturen: Von nun an scheint seine Weltsicht zementiert. Eben dafür steht der Film »Generation Zero«.

Doch weil auch er nicht immer nur hassen mag, erzählt Bannon nur ein Jahr später, 2011, noch einmal eine Heldensaga. Die Produktionskosten – rund eine Million Dollar – finanziert er dieses Mal aus eigener Tasche. Er will sich direkt einmengen ins politische Geschäft, Einfluss nehmen auf die bevorstehende Präsidentschaftswahl. Eine Krönungsmesse auf der Leinwand! Also porträtiert er Sarah Palin, die Ikone der Tea-Party-Bewegung, des Sammelbeckens der konservativen Republikaner. Der martialische Titel der Hommage ist Programm und Ausdruck der Hoffnung zugleich: »Die Unbesiegte: Tochter, Ehefrau, Mutter, Kriegerin«.

2008 war Palin, die Gouverneurin von Alaska, an der Seite von John McCain gescheitert, US-Vizepräsidentin zu werden. Bei der nächsten Wahl 2012, erklärt sie beifallsumrauscht bei einer Zusammenkunft der Tea Party, erwäge sie, das Weiße Haus zu erobern. Bannon will sie dabei mit propagandistischer Begleitmusik unterstützen. Ihre Vita scheint geeignet, die eigenen Ideale zu illustrieren. Mag sein, er träumt schon damals von einem Posten als Berater im West Wing.

Wieder einmal erzählt er die Geschichte einer verkannten Seele, die ähnlich wie einst Ronald Reagan, auf den immer wieder Bezug genommen wird, vom ersten Moment der politischen Karriere, mit dem Establishment ihrer republikanischen Partei zu kämpfen hat. Und mit Vorurteilen erst recht. Der Film beginnt mit einer Collage wüster Beschimpfungen: Hexe, ahnungslose Mutti, hübsch anzusehender Papagei. Bannon zieht die untersten Schubladen. Dann lässt er Frau Palin wie Phönix aus der Asche auferstehen, als Retterin des flächengrößten Bundesstaats: Alaska.

Der Kommentar preist ein »Land der Extreme«. Wir schwelgen in einem Naturparadies hoch im amerikanischen Norden. Gletscher kalben im Gegenlicht, Schlittenhunde gleiten durch den Schnee. Über den Pazifik schippern Trawler mit glücklichen Fischern und machen reichliche Beute. Auch Erdöl und Erdgas gibt es zuhauf. Die Bürger von Alaska, die der Film zeigt, leben bodenständig und scheinen mit sich im Reinen zu sein. Hier sind die Familien noch gesund. Hier ist Sarah Palin aufgewachsen.

Doch, so gebietet es nun einmal die Bannon-Dramaturgie, kein Paradies ohne Bedrohung! Die Musik wechselt ins düstere Moll. Totes Getier am Meeressaum. Der Regisseur erinnert an die verheerende Havarie des Tankers Exxon Valdez, der im März 1989 vor Alaska auf Grund lief und die Küste mit einem schwarzen Ölteppich überzog. Es war eine der schlimmsten Umweltkatastrophen der christlichen Seefahrt. Und zugleich der Moment, an dem – so jedenfalls suggeriert es der Film – Sarah Palin beschloss, in die Politik einzusteigen. Nach jahrelanger Arbeit im Stadtrat wird sie 1996, gerade einmal 32-jährig, nach hartem Wahlkampf mit überwältigender Mehrheit zur Bürgermeisterin von Wasilla gewählt. Das Leinwandopus feiert das groß, vergisst freilich zu erwähnen, dass der Flecken, siebzig Kilometer nördlich von Anchorage, gerade einmal 7000 Einwohner zählt.

Lästige Details kümmern den Regisseur nicht: Er will den Aufstieg einer Populistin, der er sich anverwandeln kann, in Szene setzen: einer streng konservativen Lehrerstochter, Ehefrau und fünffachen Mutter, die sich durchzusetzen vermag. Sie steht dem Kreationismus nah, der evangelikalen Lehre, wonach die Erde nicht in einem langen, langen Evolutionsprozess entstanden sei, sondern, wie es die Bibel nahelegt, erst vor rund 6000 Jahren. Sarah Palins Erfolgsrezept, wie es der Film beschreibt, ist ganz einfach: Sie präsentiert sich als Anwältin des einfachen Mannes, der es satthat, sich von den Oberen – etwa durch strengere Waffengesetze – bevormunden zu lassen. *Simply being on the side of the people.* Einfach auf der Seite des Volkes sein! Diesen Satz hätte er auch Trump verordnen können. Immerhin, Wasilla hat sie die ersten Straßenampeln beschert,

Investoren mit Steueranreizen zum Bau eines Einkaufszentrums animiert. Bannon, kein Freund leiser Töne, preist eine Boomtown.

Was dem erklärten Feind des etablierten Parteiensystems aber vor allem gefällt: Bald schon legt sich Sarah Palin, die sich selbst einmal als »Pitbull mit Lippenstift« charakterisierte, mit dem Establishment der Republikaner an, die – wie die Kommentarstimme aus dem Off behauptet – gemeinsame Sache mit den Ölmagnaten in aller Welt machten, in die eigene Tasche wirtschafteten und die Interessen des nördlichsten Bundesstaates vergäßen. *Alaska first!*, lautet ihr Wahlspruch. Sie ist Donald Trumps Rhetorik um ein paar Jahre voraus. Der Slogan macht Eindruck, im August 2006 hängt sie – bei den Gouverneursvorwahlen – den bisherigen Amtsinhaber, den Republikaner Frank Murkowski mit absoluter Mehrheit ab. Wenige Monate später wird sie als erste Frau in Alaskas Gouverneursamt gewählt. Mit ihren 42 Jahren ist sie zugleich die Jüngste auf diesem Posten in der Geschichte des Bundesstaats.

Für den Aktivisten am Set ist sie eine Hoffnungsträgerin der eigenen Ideale. Ihr will er sekundieren. Er probt seine Rolle als politischer Propagandist im Hintergrund. Dokumentarische Qualitäten hat die »Undefeated«-Eloge nicht. Aber sie bedient den alten Bannon-Mythos: die Welt, diesmal stellvertretend das beschauliche Alaska, schwebt in höchster Gefahr. Ein »korrupter Bastard Club« – so heißt es wörtlich – betrügt die Einwohner um ihre Pfründe. Einmal mehr sehen wir, in finsterem Reenactment, feiste Gangsterfiguren, die in zigarrenrauchverhangenen Hinterzimmern

Roulette spielen und Geldkoffer tauschen. Der Regisseur ist nun einmal ein Freund düsterer Metaphorik.

Damit auch der Letzte begreift, dass Alaska, das Reich der gigantischen Bergketten, Canyons und Fjorde, kurz vor dem Exodus steht, lässt der Regisseur Hochhäuser in die Luft fliegen. Seismografen registrieren ein Erdbeben von nie da gewesener Stärke. Löwen zerfleischen eine Herde wehrloser Zebras. Autos stürzen den Abhang hinab. Dollarnoten verschwinden im Strudel eines Wasserklosetts. Die eingeschnittenen Sequenzen mit den Bildern von der Exxon-Valdez-Katastrophe genügen ihm nicht, um die nahende Apokalypse zu illustrieren. Bannon braucht mehr. Vor allem braucht er eine messianische Gestalt. Und die hat er anno 2011 in Sarah Palin gefunden, einer Frau mit den extravaganten Brillengestellen und eingravierten Kreuzen in den Ohrringen. *She changed the game.* Sie hat das Spiel von Grund auf verändert.

Als Gouverneurin habe sie im Umgang mit den Alaska ausplündernden Energiekonzernen schier Übermenschliches geleistet, ihren Bundesstaat aus der Umklammerung der arabischen Öllieferanten befreit – und dabei, dem tradierten Rollenverständnis gehorchend, wichtige Verträge auch einmal am heimischen Küchentisch unterzeichnet. Eine amerikanische Mummy, die trotz ihres Höhenfluges am Boden blieb. Mutter Sarah sitzt mit ihrer Kinderschar vor dem heimischen Kamin. Bannon, der Agitator, versucht sich in der Kunst des Harfengesangs: *She is unbelievable authentic,* unglaublich authentisch, couragiert, mit *Rockstar-Power* gesegnet – und vor allem politisch wie menschlich integer.

Zumindest Letzteres deckt sich kaum mit der kruden Wirklichkeit. Lang ist die Liste der Skandale, in die Sarah Palin während ihrer Zeit als Gouverneurin verwickelt war. Patronage und Amtsmissbrauch. Dienstreisen, von öffentlichen Geldern bezahlt, die sich wie Familienurlaube ausnahmen. Doch all das blendet Bannon aus. Schon lange vor seinem Einzug ins Weiße Haus zeigt er viel Gespür für alternative Fakten. Ihn interessieren keine gemischten, lebensnahen Charaktere, er inszeniert sich eine Heldin pur. Wenn sie die Geschicke Amerikas bestimmt, so weissagt der Film, kehrt die goldene Reagan-Vorzeit zurück.

2008, bei ihrer Nominierung als Kandidatin für das Amt des Vizepräsidenten, hat sie sich ausdrücklich auf das Erbe Reagans bezogen: »Ich bin nicht Teil des Establishments. Ich gehe nach Washington, um den Menschen zu dienen. Wir werden die Regierung zurück zu den Leuten bringen.« Das Versprechen, dem kleinen Mann wieder zur Größe zu verhelfen, macht schon damals, Jahre vor Trump, mächtig Eindruck. *We are palinized*, sagt ein Delegierter. Und im Palin-Rausch ist Bannon auch. Dass sich die Kandidatin, die nicht Teil des Establishments sein will, aus der Parteikasse allein 150 000 Dollar für Kleidung, Schminke und Frisur bezahlen ließ, lässt der Film – kann es verwundern? – unerwähnt.

Aller kosmetischen Bemühungen zum Trotz, gegen Obama und Biden hat das Duo McCain/Palin im November 2008 krachend verloren. Aufschlussreich ist, wie das Leinwand-Dramolett damit umgeht: nämlich gar nicht. Ein knapper Satz. Das war's. Niederlagen haben im Weltbild eines Propagandisten keinen Platz. Nach der Wahl ist vor der Wahl. Und für Bannon gehört der Kandidatin Palin die Zukunft. Am Ende des cineastischen Verneigungsakts steht ihre kämpferische Rede auf dem Tea-Party-Konvent in Nashville – es wäre der 99. Geburtstag Reagans gewesen. Sie betont die Einmaligkeit der Rolle Amerikas in der Welt, preist die Freiheit des Marktes und das Glück, das nur dem Tüchtigen beschieden sei. Vor allem fordert sie eine neue Führung, das Ende der Alleinherrschaft der etablierten Parteien. »Wir wollen von jemandem regiert werden, der einer von uns ist, und nicht von einem, der über uns steht.« Das scheint ein Selbstporträt. Kurzum: sie wirft, mit Standing Ovations bedacht, ihren Hut in den Ring: *I choose to fight.* Sie ist bereit für den Kampf. Bannon, der sich in Palins Populismus wiederfindet, hat keinen Zweifel: sie wird den Kampf gewinnen und Barack Obama bei der Präsidentschaftswahl im November 2012 aus dem Amt jagen.

Bannon verpasst ihr das Image einer Frau ohne Berührungsängste: Wir sehen sie zusammen mit Fischern und Bankern, im Kreis ihrer Lieben, auf dem Sportplatz und als begeisterte Rednerin auf politischer Bühne. Nur einer kommt merkwürdigerweise mit ihr nicht ins Gespräch: der Filmemacher selbst. Der ist auf der Suche nach pompösen Bildern, die, wie er hofft, der Größe der zu Porträtierenden angemessen sind. Ihre Positionen mit Neugier ausloten, am Ende gar kritisch hinterfragen, das will er nicht. Eine Ikone muss sich nun einmal keinem Kreuzverhör stellen. Stattdessen kommen Bewunderer zu Wort, unter ihnen ein damals 42-jähriger Autor und erzkonservativer Internetrebell, der sich geschworen hatte, Unruhe unter Amerikas Meinungs- macher zu bringen, die »alte Garde der Medien zu zerstö- ren«: Andrew Breitbart. Das Schicksal des 2012 verstorbe- nen Kämpfers hat, wir werden es sehen, Bannons Werdegang einschneidend geprägt.

Im Leinwand-Hochamt für Sarah Palin muss er sich noch mit der Rolle des Konzelebranten begnügen. Seine Einwür- fe sind knapp, aber deftig. »Zur Hölle« wünscht er das Es- tablishment, das der Einzelkämpferin aus Alaska das Leben sauer gemacht habe. »Genug ist genug. Jetzt haben wir eine Alternative. Die Wiedergeburt des stolzen amerikanischen Volkes naht.« Allein, alles nationale Pathos half nichts: Die Heroine schaffte es nicht einmal bis in den Vorwahlkampf 2012. Danach folgte ein glückloses Engagement beim Fern- sehen. Dann verschwand die Hoffnungsträgerin weitge- hend in der Versenkung.

Breitbarts Debüt freilich war nur ein Vorspiel auf der Bannon-Bühne. Zum Durchbruch des narzisstischen »Auto- didakten mit dem Aufmerksamkeitsdefizit-Syndrom und der Internetsucht«, wie ihn der Journalist George Packer nennt, kam es dann im nächsten Kinostück. Es ist ein bewusst unappetitlicher Streifen. »Occupy Unmasked« – eine Gene- ralabrechnung mit den wegelagernden Globalisierungsgeg- nern der weltweiten Occupy-Bewegung, im Herbst 2011 einmal mehr von Citizens United produziert. Stephen schickt Freund Andrew auf feindliches Terrain. Wir sehen einen em- pörten Anchorman, dessen Erregungszustand den der De- monstranten bei Weitem übertrifft. Inmitten von Horden wild ausschauender, ins Mikrofon grölender Gestalten genießt er seinen Auftritt als Provokateur sichtlich. »Schaut her, das ist die organisierte Linke: Anarchisten, Kommunisten im Bund mit den Gewerkschaften.«

Breitbart gibt vor, mit den Aktivisten ins Gespräch kommen zu wollen. Er stürmt mit laufender Kamera auf einen Vermummten zu: »Wie bestreitest du eigentlich deinen Lebensunterhalt?« Der junge Mann ist sichtbar verpeilt und sagt, dass er 60 Dollar von der Gewerkschaft bekommen habe. Schnitt, Statement Breitbart: Damit sei doch bewiesen, wer hinter dem ganzen Aufruhr stecke. Die nächste Frage richtet sich an eine junge Frau: »Was macht dein Mann?« – »Der sitzt im Knast.« – »Warum?« – »Wegen Raubes.« Breitbart hat gehört, was er hören wollte. Die These, dass er es mit Kriminellen zu tun hat, scheint damit bestätigt. »Arbeiten Sie?«, will seine Assistentin von einer jungen Frau wissen. Sie sagt: »Nein.« Ertappt!

Eine dramatisch wackelig geführte Kamera lässt uns erschaudern vor einer Orgie der Gewalt. Wo immer wir hinschauen: gesetzloses Gesindel, Gammler mit Palästinenserfeudeln, Chaoten, Trommler, Schlangenbeschwörer, zugedröhnte Gäste einer Dauerparty, die vor sexueller Nötigung nicht zurückschrecken – und wohlanständigen Bürgern nächtens in die Vorgärten scheißen. Bannon, Drehbuchautor und Regisseur, macht aus dem Ziel seiner Unternehmung keinen Hehl und erklärt in einem Interview: »Wer diesen Film sieht, möchte danach nur noch eine heiße Dusche nehmen. Denn du hast in der Tat 75 Minuten mit den schmierigsten, dreckigsten Menschen verbracht, die dir je über den Weg gelaufen sind.« Letztlich sind sie Fälle für die Müllentsorgung, deren Autos auffällig durchs Bild huschen. Dass Bannon selbst nicht selten wie ein Clochard auftritt, fällt besser unter den Schneidetisch.

In einem wild zusammenmontierten Schnelldurchlauf werden die Ahnen, die ideologischen Erzieher der Occupy-Protestler dingfest gemacht. Und das sind ziemlich viele. Stalin und Castro, die Black Panthers, die Demonstranten gegen den Vietnamkrieg, die Bürgerrechtlerin Angela Davis. Kurzum: Linke jeglicher Couleur. All sie hätten stets hehre Ziele vorgeschoben – die Befreiung des Proletariats, Rassengleichheit, den Frieden – aber letztlich nur Revolution und Terror im Sinn gehabt. Auch den Störenfrieden, die nun die Wirtschaftsschauplätze besetzt halten, geht es, das ist die Botschaft des Films, nicht um die Allmacht der Banken, sondern um Randale und Umsturz. Der zweite amerikanische Bürgerkrieg steht, wie es scheint, kurz vor dem Ausbruch.

Wer – wie Obama, Michael Moore oder die Blätter der immer wieder attackierten Mainstream-Medien – auch nur Verständnis für die Straßenkämpfer signalisiere, der sei ein Komplize. Der trage zum Untergang der amerikanischen Gesellschaft bei. Um die propagandistische Botschaft des Streifens noch ein wenig anzuheizen, greift der Möchtegern-Dokumentarist erneut auf seinen Fundus dunkler Symbolbilder zurück. Haifische reißen ihre gefräßigen Mäuler auf, EKG-Kurven mutieren zu Flatlines, ein überdimensionierter Uhrzeiger steht auf drei Minuten vor zwölf. Andrew Breitbart hat den Filmemacher in einer kleinen Ansprache einmal als »Leni Riefenstahl der

Tea-Party-Bewegung« gepriesen, Frau »Reifenstahl«, wie er sie, nicht ohne unfreiwillige Komik, nannte.

Bannon und Breitbart interessieren die Menschen nicht, denen sie während der Dreharbeiten begegnen. Und schon gar nicht deren ellenlange Debatten über die Weltökonomie, die sich nicht selten über Stunden hinziehen. Sie wollen nichts ergründen. Sie suchen einzig Belegmaterial für ihre vorformulierte These, dass sich eine dekadente, von moralisch verkommenen, linksliberalen Eltern aufgezogene Jugend der Straße bemächtigt habe, die Kinder der verhassten Clinton- und Woodstock-Generation, *the militant kids in the Sixties.* »Nein, das ist kein Häuflein von College-Studenten, das sind auch keine Hippies«, heißt es gleich zu Beginn von »Occupy Unmasked«, »nein, wir haben es mit einer hochgefährlichen Gruppe zu tun, die nur ein Ziel hat: Chaos zu stiften und das System zu zerstören.«

Jahre später, als Trumps Einflüsterer, sollte er selbst den Umsturz, die Zerstörung des Staats als oberstes politisches Ziel benennen. Die ideologische Verortung der Wall-Street-Blockierer hasst er. Aber ein Kind rabiater Protestkultur ist auch er. In der Lust, den Gegner, das »Biest«, wie immer es geschaffen sei, zur Strecke zu bringen, steht der filmemachende Ökonom aus Virginia den Streitern wider die Globalisierung gewiss nicht nach. Nur dass das Häuflein der angefeindeten Camper lang schon desillusioniert die Segel gestrichen hat. Stephen Bannon aber kämpft weiter.

V.

»Breitbart News«: Angela Merkel ist geisteskrank. Wer noch?

Das evangelische Gotteshaus St. Reinoldi, die älteste Kirche Dortmunds, sah sich im Lauf ihrer weit über tausendjährigen Geschichte so mancher Attacke ausgesetzt. Anno 1060 bei Kriegsunruhen die erste Zerstörung, 50 Jahre später die zweite. Auch der Stadtbrand von 1231 machte Tabula rasa. Ein Erdbeben fällte 1661 den Turm. Im Ersten Weltkrieg wurden das Kupferdach, die Glocken und der Orgelprospekt zum Zwecke der Waffenproduktion eingeschmolzen. Am 6. Oktober 1944 legten Bomber der Alliierten das ehrwürdige, nach dem Stadtpatron benannte Gemäuer in Schutt und Asche.

Am letzten Tag des Jahres 2016 sollte sich die Serie der Katastrophen fortsetzen. Eine Reporterin namens Virginia Hale meldet sich mit einem blutigen Lagebericht aus der Revierstadt: »Enthüllt: Ein Mob von 1000 Leuten setzt an Silvester Deutschlands älteste Kirche in Brand«, schreibt die Journalistin, die im Überschwang ihrer Empörung gleich noch St. Reinoldi mit dem Dom zu Trier verwechselt. »Sie haben ›Allahu Akbar‹ gerufen.« Vor dem geweihten Gebäude, müssen wir lesen, hätten Männer aus Syrien Flaggen von al-Qaida und des IS geschwungen. Dann sei das Kirchendach nach Feuerwerksbeschuss in Flammen aufgegangen.

Am Ende, so die Bilanz des Schreckensreports, seien mehr als zwei Dutzend Verletzte zu beklagen gewesen. Die örtliche Polizei allerdings habe von einem insgesamt ruhigen Verlauf der Silvesternacht gesprochen. Potztausend, das riecht nach einem fetten Skandal! Da brennt eines der Wahrzeichen der Stadt, Verwundete auf den Straßen – und die Freunde und Helfer zeigen sich erleichtert, dass nicht noch mehr geschah. Auch die Medien schweigen. So weit ist es also in Deutschland gekommen. Dem Terror eine Gasse!

Doch Dortmund durfte aufatmen. St. Reinoldi ruhte unversehrt auf seinen Fundamenten. Die lauthals Alarm schlagende Journalistin freilich verdingt sich als Europa-Korrespondentin beim amerikanischen Internetportal »Breitbart News«. An der sich rasant über die sozialen Netzwerke verbreitenden Geschichte stimmt letztlich nichts. Das Szenario ist, bei genauerer Betrachtung, nicht mehr als islamophobe Propaganda. Es gab keine IS-Fahnen. Kein gebrandschatztes Kirchendach. Und auch keinen wild gewordenen Mob. Rund 1000 Syrer feierten, mag sein ein wenig voreilig, den Waffenstillstand in ihrer Heimat, ließen – was gewiss eine Ordnungswidrigkeit war – mitten in der Innenstadt einige Böller krachen, von denen einer in einem Bauzaunfangnetz an der Kirche landete. Die Feuerwehr rückte an – und hatte das Malheur binnen Minuten im Griff. Und die Verletzten, von denen der Polizeibericht sprach, die gab es in erster Linie anderenorts.

Einige Teilnehmer an der syrischen Silvestersause haben, wie sich Zeugen erinnern, in der Tat ihrem Gott gedankt und »Allahu Akbar« gerufen. Das aber war kein Fanal zum Dschihad. »Diese Aussage ist im muslimischen Glauben so normal wie das ›Amen‹ in der Kirche«, so die »Ruhrnachrichten« in einem besonnenen Kommentar. »Fakt ist: Es gibt keine Anzeichen dafür, dass Terroristen in Dortmund feierten.«

Genau dieser Eindruck aber wurde in der kreischenden Story erweckt. Die Autorin schien geradezu darauf versessen, Panik zu schüren. Deutschland scheint dafür ein besonders geeignetes Pflaster zu sein, ein Lehrbeispiel darüber, wohin Toleranz gegenüber Fremdem führen kann. »Wie blinde Eliten eine einst große Nation zerstören«, heißt es in einer anderen Geschichte. Wer in der Suchmaske der Plattform den Begriff *Germany* eingibt, wird – Stand 1. Juli 2017 – auf 59 300 Meldungen verwiesen. Nicht selten sind es Polizeiberichte, die suggerieren, dass in der Bundesrepublik ausschließlich Migranten Straftaten begehen.

Der »Tagesspiegel« hat seinen Lesern darum eine kleine Quizfrage gestellt: »Niederträchtiges Internetdings mit neun Buchstaben? Breitbart!« Das Unternehmen trägt bis heute den Namen seines Gründers, der dem Traum nachhing, das Internet für eine Medienrevolution zu nutzen. Amerikas streitbarster Blogger hat sich im Jahr 2005 eine virtuelle Kampfarena geschaffen, in der er – vor einem Millionenpublikum – Schauprozesse gegen alles Linke und

Liberale zu eröffnen pflegte. Andrew Breitbart, die »Wutmaschine«, wie ihn die »Washington Post« nannte, ahnte schon zu einer Zeit, als die Modems noch langsam waren: Das Netz wird einmal schneller und vor allem kampagnentauglicher sein als jede Zeitung, als jeder Sender.

Wie Bannon, der verlässliche Mitstreiter, in dessen Filmen er auftrat, begriff sich Breitbart als konservativer Kämpfer gegen das politische Establishment, das er auf seinen rund um die Uhr munitionierten Websites unter Dauerbeschuss setzte. Die Attacken nahmen es mit den Regeln des Fair Plays nicht gar zu genau und waren eben darum oft von erstaunlicher Wirkung. Wenn der passionierte Internetpartisan, der gern mit emporgereckter rechter Faust posierte und von sich behauptete, niemals offline zu sein, seine Messer wetzte, dann rollten nicht selten die Köpfe. Der von Anthony Weiner etwa.

Weiner saß für die Demokraten von 1999 bis zu seinem erzwungenen Rücktritt 2011 im Repräsentantenhaus und vertrat die New Yorker Stadtbezirke Brooklyn und Queens. Der linksliberale Jurist, ein erklärter Feind der Waffenlobby, galt als Hoffnungsträger seiner Partei. Nur leider hielt er sich für unwiderstehlich. Auf seinem dienstlichen Twitter-Account machten vor seinem Rücktritt als Kongressabgeordneter selbst geschossene Nacktfotos die Runde. Eigentlich waren sie einzig für eine junge Studentin bestimmt, aber offenkundig hat der verheiratete Netz-Exhibitionist versehentlich das falsche Feld angeklickt. Jetzt amüsierte und entrüstete sich eine Gemeinde von zigtausend Followern. Der Ertappte begann sich zu winden, beteuerte, seine

Mailadresse sei von einem großen Unbekannten gehackt worden, und kündigte eine Pressekonferenz an, auf der sich das Blatt zu seinen Gunsten wenden werde. Doch Weiner hatte die Rechnung ohne Andrew Breitbart gemacht.

Der rückte zum in einem New Yorker Hotel anberaumten Termin mit gezückter Kamera an und machte die geplante Entlastungsshow des Angeklagten mit einem spektakulären Auftritt zunichte. Denn der Provokateur aus Los Angeles hatte sich in Windeseile weitere Fotos besorgt, die den ihm auch wegen der Nachsichtigkeit in Abtreibungsfragen rundum suspekten Politiker in recht verfänglichen Posen zeigen: Der anbaggernde Don Juan halb entblößt vor einem Spiegel, ein andermal im Lichtkleid, von zwei Kätzchen umrankt: *Me and the Pussies*. Genüsslich präsentierte Breitbart die Trouvaillen, die natürlich längst, mit Verweis aufs eigene Copyright an dem Scoop, auf seine Propagandaseiten gestellt waren. Da gab es nichts mehr schönzureden. Anthony Weiner, der Lüge und der Lust am Sexting überführt, blieb nur noch die Demission – und seinem Widerpart der Triumph, einen Wortführer der Linken an den Internetpranger gestellt und ausgeschaltet zu haben.

Dabei sitzt auch bei ihm, wie er selbst sagt, das Herz – was das Lebensgefühl, die Lust am Rebellieren angeht – noch immer weit links. Anders als Mitstreiter Bannon, der einst, als junger Navigator bei der Navy, mit einer Kampfansage ins rechte Lager wechselte, schien Andrew Breitbart zeit seines Lebens zerrissen. Er hat daraus nie einen Hehl gemacht und bekannte noch 2011 in einem Dokumentarfilm: »Ich höre linke Musik von ›The Jam‹, die Lieder gegen

Ronald Reagan spielen, ich mag Videospiele wie ›Angry Birds‹, kaufe Biolebensmittel, und meine Inspiration ist der Anarchist Abbie Hoffman.« Er begriff sich als Aktivist einer außerparlamentarischen Opposition, als Klassenkämpfer der Rechten, der sich, was die Formen des Aufbegehrens betraf, an den Rebellen der 60er-Jahre orientierte. Er sei ein »Kulturkrieger« gewesen, sagt sein journalistisches Ziehkind Ben Shapiro, »aber keiner, der zum inneren Zirkel Washingtons dazugehören wollte. Daran war er niemals interessiert«.

Breitbart, der politische Grenzgänger, hatte seinen Spaß daran, die Linken, die ihn enttäuschten, nach allen Regeln der Kunst des Internetzeitalters zu erlegen. In der Causa Weiner hatte er, so moralinsauer der Fall letztlich auch gewesen sein mag, zumindest die Fakten auf seiner Seite. Das freilich war nicht immer so. 2010 hat er sich zum Beispiel Shirley Sherrod, der afroamerikanischen Direktorin in Obamas Landwirtschaftsministerium angenommen und sie in einem Video des Rassismus bezichtigt – gegenüber dem weißen Geschlecht. Ein Shitstorm in Tornadostärke fegte über die Beamtin hinweg.

Denn die Filmmontage erweckte den Eindruck, Frau Sherrod, eine unbequeme Bürgerrechtlerin, habe in öffentlicher Rede bekannt, bei ihrer Arbeit allein schwarze Bauern zu unterstützen. Ihr Vater sei schließlich von einem Weißen ermordet worden. Das werde sie niemals vergessen. Als der Anwurf via Breitbart ruchbar wurde, verlor sie ihren Job. Dabei hatte sie in der inkriminierten Ansprache, wie sich dank einer aufwendigen Recherche einer

Lokalzeitung herausstellte, keineswegs zu Rassenhass, sondern, ganz im Gegenteil, zu Toleranz aufgerufen. Barack Obama hat sich persönlich für die Entlassung entschuldigt und ihr die Rückkehr an den alten Arbeitsplatz zugesagt. Aber sie wollte und konnte nicht mehr. Shirley Sherrod ist an der Zersetzungsmaschinerie, die der Hexenjäger des Digitalzeitalters angeworfen hatte, zerbrochen.

Die zunehmend wirkmächtige Seite, die der manische Blogger betrieb, nannte er vollmundig »Big Government«. Das war Programm. Da hat er sich den Staat, die Gewerkschaften und die öffentlichen Wohlfahrtsorganisationen vorgeknöpft, das amerikanische Sozialsystem, das Andrew Breitbart, der Wirtschaftslibertäre, so verachtete. 2009, noch in der Aufbauphase seines Netzwerks, hat er zum Generalangriff auf einen Verband namens ACORN ausgeholt. Diese staatlich subventionierte *Association of Community Organizations for Reform Now* unterstützte Bürger am Existenzminimum, damit sie nicht vollends aus der Gesellschaft fallen. ACORN kümmerte sich um Gesundheitsfürsorge, Nachbarschaftshilfe und auch um die Aufnahme ins Wahlregister. Mehr als 100 Millionen Dollar standen dem Programm zur Verfügung.

Just dies war dem Agitator der Ultrakonservativen ein Sparren im Auge. ACORN erschien ihm als Teil des alten, überkommenen Fürsorgesystems. Deren Getreue haben sich etwa einer weiteren Privatisierung des Schulwesens widersetzt und nach der Hurrikan-Katastrophe Katrina im Jahr 2005 für die Belange auch der schwarzen Bewohner gekämpft, die, obdachlos geworden, nun aus dem

Spekulationsobjekt »Wiederaufbau New Orleans« vertrieben werden sollten. Und was die Hilfe der Sozialarbeiter beim keineswegs unkomplizierten Eintrag ins Wahlregister betraf, da wusste Breitbart, von der Klientel der Armen sind kaum Stimmen fürs eigene Lager zu erwarten.

Also beauftragte er einen Gesinnungsfreund, den Filmemacher James O'Keefe, sich unter die ACORN-Gutmenschen zu mischen. Das Resultat der Visitation schien rundum entlarvend. Die eigentlich dem Wohl der Entrechteten verpflichteten Berater der Armen, so suggerierten die Videobilder, spotteten ihrer edlen Mission und gaben verzweifelten Müttern Tipps zur Steuerhinterziehung und – schlimmer noch – zur Prostitution, zum gewinnbringenden Frauenhandel.

Die vermeintlichen Enthüllungen auf Breitbarts Plattform sorgten für einen handfesten Skandal. Auch die etablierten Medienhäuser, angefangen bei der alten »Tante Times«, stürzten sich begierig auf die behauptete Ungeheuerlichkeit. Breitbart, der – so nennt ihn George Packer – »Anführer einer Freischärlertruppe von unangepassten Patrioten« – war in aller Munde und nun Talkshow-Dauergast auf allen Kanälen, die er doch eigentlich als Brutstätte der Unwahrheit bekämpfte. ACORN ging über Nacht pleite, ihrer Förderungsgelder verlustig. Die Flurschäden für die bislang Betreuten waren beträchtlich.

Allerdings hatte die Sensationsstory einen gewaltigen Haken. Sie hielt einer Überprüfung nicht stand. Eine staatliche, von Kaliforniens republikanischem Gouverneur Arnold Schwarzenegger angeordnete Untersuchung ergab:

Die originalen Videotapes waren grob sinnentstellend und in boshafter Manier zusammenmontiert. Kein ACORN-Mitarbeiter hat pflichtwidrig oder gar kriminell gehandelt. Einer der Beschuldigten, der Förderung der Prostitution bezichtigt, klagte und bekam 100 000 Dollar Schmerzensgeld zugesprochen. Kollateralschäden – was soll's? Breitbart und seine Leute hatten ihr Ziel erreicht, mithilfe einer Desinformationskampagne im Netz Einfluss und Herrschaft zu gewinnen. Da begann – noch einmal George Packer – ein neues Kapitel der journalistischen Berichterstattung: »Die Regeln der alten Medien, ihr Beharren auf Wahrheit und Objektivität, galten nicht mehr.«

Am 28. Februar 2012, kurz vor Mitternacht, nahm der 43-jährige, früh ergraute Andrew Breitbart, von dem der »Spiegel« sagt, er sei »ein Faktenverdreher, aber auch ein Aufdecker« gewesen, in seiner Lieblingsbar noch ein oder zwei Glas Wein, wechselte ein paar Worte mit einer zufällig getroffenen Anhängerin – und brach auf dem Weg nach Hause, vis-à-vis eines Starbucks-Cafés, in Los Angeles-Westwood tot zusammen. Herzinfarkt mit 43 Jahren! Um den Exitus ranken sich bis heute finstere Verschwörungstheorien. Russische Killer hätten die Hände im Spiel gehabt, ja, vielleicht sogar das Weiße Haus. Schließlich hatte der Blogger für den kommenden Tag eine Enthüllung über Barack Obama angekündigt, die dessen Wiederwahl gefährden werde. *Wait until they see what happens March 1st*, da werde sich Einschneidendes tun, hatte er düster prophezeit.

Doch die Autopsie gab wenig Anlass zum Zweifel: Die Koronargefäße hatten dem Druck, unter den sich Andrew

Breitbart setzte, nicht mehr standgehalten. Zeitlebens hat er den Clinch mit dem Gegner in der direkten Konfrontation gesucht. Nur wenige Tage vor seinem Tod ist er, am Rande eines Konvents der Tea Party, vor einem Hotel in Washington mit hochrotem Kopf auf die Occupy-Aktivisten zugestürmt, die gegen seine Anwesenheit demonstrierten. Er hat sie aus Leibeskräften angebrüllt: »Benehmt euch endlich. Ihr seid Freaks und Tiere!«

An der Totenfeier auf dem Hillside Memorial Park Cemetery nahm auch Stephen Bannon teil. Er war mit dem Toten befreundet, er hat ihn beraten und auch an einer erst posthum veröffentlichten Filmautobiografie mitgewirkt: »Hating Breitbart« – die Heldengeschichte eines Angefeindeten, der sich als Ketzer verstand und stolz darauf war, dass seine Gegner ihn hassten. Die hinterbliebenen Mitstreiter, insbesondere Matt Drudge, der gleichfalls ein konservatives Internetportal betreibt, bitten Bannon noch beim Begräbnis, die Nachfolge des Verstorbenen anzutreten und als neuer *executive director* des Medienunternehmens, als Vorstandsvorsitzender mit redaktioneller Weisungsbefugnis zu fungieren. Wenn einer es schaffe, Andrew Breitbart zu ersetzen, dann der Filmagitator aus Hollywood.

Dem Kämpfer gegen liberalen Zeitgeist wird die Anfrage möglicherweise nicht ganz ungelegen gekommen sein. Als Filmemacher, das musste er in Hollywood erfahren, hat er, anders als sein Widerpart Michael Moore, die Massen nicht überzeugen, nicht mitreißen können. Seine Agitprop-Streifen haben allenfalls jene erreicht, die an die Mission der Rechtspopulisten ohnehin schon glaubten. Jetzt aber schien sich auf einmal ein ganz neues und weit wirkmächtigeres Betätigungsfeld zu öffnen.

Also willigt Bannon ein, das Ruder zu übernehmen. Aber er besteht darauf, die Unternehmung Breitbart, einst weitgehend das Forum eines Einzelkämpfers, in einem umfänglichen Relaunch zu professionalisieren und zur multimedialen Großarena umzubauen. Er will die diversen Internetforen seines Vorgängers zu einem geeinten Bollwerk zusammenführen: »Breitbart News Network«. Die Seite soll rund um die Uhr mit Propagandastoff versorgt werden. Ein Hörfunkprogramm mit täglichem Onlinetalk steht in Planung. Dazu aber ist vor allem Geld vonnöten. Das Problem lässt sich lösen. Der ehemalige Finanzjongleur von Goldman Sachs verfügt bekanntlich über erstklassige Kontakte. Und die nutzt er. Bei keinem Geringeren als dem Milliardär Robert Mercer stößt er mit seinem Ansinnen auf offene Ohren. Er erklärt sich bereit, über seine Familienstiftung, die er zusammen mit Tochter Rebekah betreibt, zehn Millionen Dollar in den Ausbau des rechtsalternativen Netzwerks zu schleusen. Im Gegenzug erhält er knapp 50 Prozent der Anteile am Unternehmen. Über den Rest verfügen Breitbarts Witwe Susie und der Rechtsanwalt Larry Solov, der seit dem Start der Seite mit von der Partie ist. Ob auch Bannon zu den Teilhabern zählt, ist unbekannt. »Breitbart News« veröffentlicht keine Geschäftsberichte.

Mercer, Jahrgang 1946, ist zusammen mit den Brüdern Koch einer der einflussreichsten Geldgeber der Republikaner. Allein in den Präsidentschaftswahlkampf 2016, in dem er erst den Kandidaten Ted Cruz und dann Donald Trump unterstützte, steckte er 22,5 Millionen Dollar. Mercer hat die unterschiedlichsten Vorlieben: Sein Spielzeugeisen-bahn-Fuhrpark wird auf einen Wert von 3 Millionen Dollar geschätzt. Der eiserne Lobbyist der Waffenindustrie besitzt die größte Maschinengewehrsammlung der Welt. In Nebraska spendete er für eine Kampagne zur Wiedereinführung der Todesstrafe. Aber eigentlich, sagt er, sei er ein recht unpolitischer Mensch, der die Öffentlichkeit – darin Bannon durchaus ähnlich – meidet und bevorzugt im Hintergrund agiert. In der Öffentlichkeit zeigt er sich so gut wie nie: *I am happy going through my life without saying anything to anybody.*

Von Haus aus ist er Mathematiker und promovierte im Fachbereich Informatik an der University of Illinois. Sein Wissen um Algorithmen und Parameter half dem eigenbrötlerischen Computerspezialisten, dem selbst seine Gegner Genialität attestieren, die Entwicklungen des globalen Finanzmarkts ungemein treffsicher zu prognostizieren. Als Wahrsager in Wirtschaftsfragen hat der Hedgefonds-Manager Robert Leroy Mercer, der Pionier auf dem Felde von Big Data, sein Vermögen gemacht. Allein im Jahr 2016 – so das Ranking von »Forbes« – waren es rund 150 Millionen Dollar.

Aber was eigentlich wäre, wenn dank Rechenkunst und Statistik auch jene Faktoren ermittelbar wären, mit denen sich die öffentliche Meinung steuern und wahlentscheidend beeinflussen lässt? Mercer lebt davon, Daten zu sammeln, in Profilen auszuwerten und die virtuelle Welt des Internets als strategischen Exerzierplatz zu nutzen. Eben darum begriff er die Offerte Bannons, der als einstiger Navigator bei der Navy nicht minder auf die Aussagekraft von Koordinaten vertraute, als Einladung zu einer überaus zukunftsträchtigen Investition. Das war ein Projekt ganz nach seinem Zuschnitt. So wurde aus dem Internetexperiment eines konservativen Frontkämpfers, der unter Daueradrenalin stand, ein kühl kalkulierter Feldversuch, der sich ein tollkühnes Ziel gesetzt hatte: die Manipulierbarkeit der US-amerikanischen Gegenwartsgesellschaft auszuloten und die Erkenntnisse für die Durchsetzung einer populistischen Revolution zu nutzen. »Ein entschlossener Plutokrat und ein brillanter Medienstratege«, schreibt im »Guardian« Carole Cadwalladr, »gestalten den Journalismus für ihre eigenen Zwecke um.«

Die zehn Millionen Dollar waren ein formidables Startkapital. Im Westen von Los Angeles wurde ein hochmodernes Headquarter installiert, in dessen Zentrum sich ein Konferenzraum mit gläsernen Wänden befand, der *Hashtag War Room*. Bannon wähnt sich nun einmal im Krieg. Seine Truppen hat er sogleich aufgestockt. Vierzig ständige Mitstreiter verdingten sich nun bei »Breitbart News«, deren Gehälter teilweise, wenn auch indirekt, von Mercer bezahlt wurden, über eine von ihm subventionierte gemeinnützige Stiftung, das »Government Accountability Institute« (GAI), mit Stammsitz in Tallahassee/Florida. Auch die Gebrüder Koch überweisen an die steuerbefreite Einrichtung mehrere Millionen. Angeblich wird hier in einem Thinktank Bildungsarbeit geleistet. Der Journalist Andy Kroll sieht das profaner. »Das ist eine Schwarzgeld-Cash-Maschine für die Rechten.«

Bannon, der – die rechte Seilschaft arbeitet verlässlich – als Mitgründer des GAI firmiert, hat über diesen Bankomaten der besonderen Art zwischen 2012 bis 2015 für angebliche Beratungstätigkeiten 376 000 Dollar bezogen. Dazu kommt, allerdings nicht von Mercer bezahlt, das Grundeinkommen als Breitbart-Chef, noch einmal 750 000 Dollar per anno, 62 500 Dollar im Monat, wie die »Washington Post« dokumentierte. Die Gehälter von drei leitenden Redakteuren aber, unter anderem von Wynton Hall, werden vom Institut, das als Stiftung die Bücher weitgehend offenlegen muss, in toto übernommen. Von 2012 bis 2015, so enthüllt die »Washington Post«, fließen da 1,3 Millionen Dollar. Und für Werbung, die das GAI auf der Plattform schaltet, wechseln in dieser Zeit weitere 200 000 Dollar ihren Besitzer. Unabhängiger Journalismus schaut anders aus. Nur: Geht es bei »Breitbart News«, nach Bannons Selbstverständnis, überhaupt um Journalismus?

Er will einen virtuellen Kosmos erschaffen, in dem sich jeder, der unzufrieden ist mit seinem Dasein und eine vage Sehnsucht verspürt nach der Wiederkehr einer besseren Vorzeit, in seinen Ängsten, in seinen Vorurteilen bestärkt sieht. Auf Bannons Portal gibt es keinen Wettbewerb widerstreitender Meinungen. Die Verursacher des Elends, die den American Dream zunichtemachten, sind ausgemacht: ob nun Muslime, Mexikaner, Feministinnen, Juden oder Klimaschützer: gegen all sie hilft, glauben wir »Breitbart News«, einzig der harte Besen.

Kurt Bardella, der knapp vier Jahre lang Unternehmenssprecher war und sich dann mit Bannon wegen dessen hemmungsloser blinder Trump-Gefolgschaft überwarf, hat die Intention der Plattform in einem Interview mit den Fernsehdokumentaristen des Formats »Frontline« freimütig beschrieben: »Sie appellieren an jenen Teil der Bevölkerung, der rassistisch, homophob oder antisemitisch ist. Sie schaffen auch den übelsten Zeitgenossen eine Stätte der Begegnung. Dort treffen sie sich dann Tag für Tag, auf dass ihre Sicht auf die Welt bestätigt werde.« »Breitbart News« macht das Leben einfach.

Die Seite mit dem orange leuchtenden Logo verfügt mittlerweile über einen Archivfundus von Zigtausenden, jederzeit abrufbaren Artikeln. Nicht alles ist gesinnungsgefärbt, zur Auflockerung des Angebots finden sich auch Meldungen aus Sport, Elektronik und Unterhaltung. Das meiste allerdings dient der ideologischen Aufrüstung, auch dieser Schlachtruf vom 2. Juni 2016: »Die einwandernden Massen aus den Ländern des Mittleren Ostens haben den ›War on Terror‹ gewonnen. Amerika hat ihn verloren.« Also flugs an die Waffen! Bei Breitbart herrscht Daueralarm: »Syrische Flüchtlinge verbreiten gefährliche Infektionen, Polio, Tuberkulose und Hepatitis.« Die Asylsuchenden, so der Subtext der Meldung, sind ein Fall für die Seuchenpolizei.

Eine Zeit lang, im Jahr 2014, erfreute sich das Thema Ebola besonderer Beliebtheit. »Obama plant, Ebola-infizierte Fremde einzuführen«, *to import Ebola infected foreigners.* »To import«, wohlgemerkt! Westafrikaner, so suggeriert es »Breitbart News« in fetten Lettern, sind Import-, sprich Handelsware, die gelegentlich verdirbt. Von der vollmundig gepriesenen »Exklusivgeschichte« bleibt am Ende nicht viel. Natürlich will Barack Obama keine Kranken ins Land schleppen. Seine Administration hat einzig einer Chartergesellschaft, die auch Krankenflüge in Afrika durchführte, weiterhin die Landeerlaubnis in den USA erteilt, und dies auf Anraten eines Wissenschaftlers, der zwar ein international ausgewiesener Epidemieforscher ist, aber, dem Himmel sei's geklagt, auch ein erklärter Parteigänger der Demokraten, der unter anderem die Vizepräsidenten Al Gore und Joe Biden beriet.

Mehr an belastbaren Fakten gibt es nicht. Die Vorwürfe sind an den Haaren herbeigezogen. Aber so mancher Besucher der Plattform, darauf deuten die Kommentare, geriet ganz aus dem Häuschen. Ein Nutzer, registriert als *Killerbee*, afrikanisierte Honigbiene zu Deutsch, schreibt: »Das ist ein Beweis mehr, dass Obama Amerika hasst.« Darauf eine Amazone, die sich *Crusada B* nennt: »Wohl eher ein Beweis dafür, dass Amerika Obama hassen sollte!« Die Redakteure haben gründliche Arbeit geleistet. Selbst die Werbung, die auf der Seite geschaltet ist, heizt die Stimmung auf. Der Kriegsspielentwickler von »World of Warship« (nicht zu verwechseln mit »World of Warcraft«, das Bannon einst mit aus der Taufe hob) stellen eine kostenfreie Testversion vor. Die Leser sehen sich aufgefordert, mit der Computermaus einen digitalen Kommandoknopf zu drücken, der unmissverständlich beschriftet ist: »Versenke den Gegner!«

2014 hat der Breitbart-Chef den Journalisten Reid Cherlin in einem der wenigen Interviews, die er gewährte, wissen lassen, wie und warum seine Unternehmung funktioniert. »Da ist die Einwanderungsstory. Da ist die Ebola-Story. Da ist der Genozid an den Christen im Nahen Osten. [...] Kurzum: Die Welt steht in Flammen. Und plötzlich wird es den Leuten dämmern, dass dies nicht nur ein Problem für die Menschen im Nahen Osten ist, sondern auch ein Problem für dich in Kansas City.« Das Großfeuer, das Bannon an den unterschiedlichsten gesellschaftlichen Brandherden rund um den Globus auszumachen glaubt, scheint ein Vorbote der Apokalypse zu sein. Sie rückt näher und näher. Also wacht auf, ihr User, und setzt euch zur Wehr! »Wer täglich Breitbart liest«, analysierte der »Tagesspiegel« treffend, »kann im Grunde nur xenophob werden.« Und das waren, im Oktober 2016 auf dem Höhepunkt des amerikanischen Präsidentschaftswahlkampfs, 37 Millionen Besucher, die 240 Millionen Mal klickten.

Zu den handelnden Personen des Untergangsdramas, das »Breitbart News« jeden Tag in Szene setzt, gehören nicht nur die unter Generalverdacht gestellten Muslime oder Mexikaner, die unbefugt die Grenze überschreiten. Nein, das Augenmerk des düsteren Schauspiels gilt dem Fremden an sich: all dem, was nicht zur Weltsicht des Publikums passt – und das ist, soziologisch betrachtet, zumeist weiß, männlich, von einem konservativ-christlichen Bild der Familie und vor allem von Unzufriedenheit mit »denen da oben« geprägt. Sie haben Amerika verkommen lassen.

Wer die Seite *www.breitbart.com* aufruft, der blättert in einem Reiseführer zu den Brennpunkten des Kriminellen, wobei es sich von selbst versteht, dass die Straftaten in

Bannons finsterer Welt ausschließlich von Migranten und Schwarzen begangen werden. Das Portal installierte darum eine eigene Rubrik: *Black Crime*. Hier vergewaltigt und mordet kein Weißer. Hier treiben ausschließlich schwarze Gangs ihr Unwesen, die ihre Opfer niederschießen und als *white bitches*, als Hexen mit der falschen Hautfarbe verhöhnen.

Verbrechen weißer Rassisten meldet die Plattform nicht. Und wenn doch einmal, dann werden die Untaten mit angeblicher Notwehr entschuldigt oder gar glorifiziert, wie in diesem Fall: Am 17. Juni 2015 erschoss Dylann Roof während eines Gottesdienstes in Charleston/South Carolina neun Menschen. Ziel des Massakers war eine Kirche der Schwarzen. Der rechtsradikale Attentäter glaubt fest an die Überlegenheit der weißen Herrenrasse. Auf seiner Facebookseite ist zu sehen, wie er das Sternenbanner verbrennt und die Flagge der Konföderierten im Sezessionskrieg hochhält: blutrot, mit dem blauen Saint-Andrew's-Kreuz, das zwölf weiße Sterne dekorieren. So zogen die Südstaaten in den 1860er-Jahren in den Krieg gegen die Unionstruppen aus dem Norden, kämpften für die Eigenstaatlichkeit und auch für die Beibehaltung der Sklaverei, der Unterjochung der Schwarzen.

Heute ist die Südstaatenfahne Geschichte, auf die sich rechte Rassisten gerne berufen, der Ku-Klux-Klan, die American Nazi Party, der Massenmörder Dylann Roof und – man staune oder staune nicht – auch »Breitbart News«. Tage nach den Schüssen in Charleston setzt dort Gerald Warner zum Hymnus an: »Hisst sie hoch und stolz:

Die Flagge der Konföderierten kündet von einem glorreichen Erbe.« Wer, wie nun die Linken um Obama oder die Clintons, die neun Toten in der Kirche nutze, um die ehrwürdige Fahne zu beschmutzen, der begehe – so schreibt der Mann aus Bannons Redaktion am 1. Juli 2015 wörtlich – »kulturellen Genozid am Konservatismus, an der Tradition des Südens«. Genozid, wohlgemerkt!

»Breitbart News« empört sich nicht über den Mörder, sondern stellt jene an den Pranger, die gegen das rassistische Fahnensymbol protestieren, das für die Betreiber der Plattform nun einmal glorreich ist. Denn die Südstaaten stehen für die alten Werte, für den Kampf um Unabhängigkeit von zentralistischer Macht. Die widersetzen sich, so lesen wir im gleichen Propagandastück, etwa der vom Supreme Court verkündeten Zulässigkeit der gleichgeschlechtlichen Ehe. Das ist nach dem Geschmack der Breitbart-Leute, die den Flaggenstreit für eine groteske Schuldumkehr nutzen, um gleich noch ganz andere Schlachten zu schlagen.

Rassisten, das seien doch die anderen, ist am 14. Juli 2015 in einer für die Arbeitsweise der Plattform bezeichnenden Meldung zu lesen, die den Bannerdisput aufgreift. Um die krause Argumentation zu stützen, muss eine Aktivistin herhalten, die seit fünfzig Jahren verblichen ist: die streitbare Frauenrechtlerin Margaret Sanger. Die Krankenschwester aus Corning/New York hat 1921 die *American Birth Control League* gegründet, die vehement das Recht auf Empfängnisverhütung einforderte, was aber damals im frommen Amerika unter Strafe stand. Wer wie Sanger öffentlich für den Coitus interruptus warb und empfahl,

Kondome nach einmaliger Verwendung zu entsorgen, konnte im Knast landen. Auch Margaret Sanger ist das widerfahren.

Schwangerschaftsabbrüche in absoluten Notsituationen hielt sie für vertretbar, als Ultima Ratio. Die couragierte Frau gilt bis heute als Pionierin der sexuellen Aufklärung. Martin Luther King hat ihren Feldzug mit seinem eigenen Kampf verglichen. Aber, in der Tat, Margaret Sanger verfolgte auch höchst problematische Ziele und erwog in den 30er-Jahren Maßnahmen der Eugenik, für die Zwangssterilisation von Syphiliskranken, Bettlern, Drogenabhängigen oder Prostituierten. Von der Rassenpolitik der deutschen Nationalsozialisten aber hat sie sich mehrfach scharf distanziert.

Warum stürzt sich nun Bannons Team begierig auf diese zwiespältige Frau, deren Kampf, auch deren Abgründe, nur aus der Zeit heraus zu verstehen sind, in der sie lebte? Vor allem aber, was bitte schön hat ihre Geschichte mit der Flagge der Südstaaten zu tun? Die passionierten Schöpfer alternativer Fakten schaffen den abenteuerlichen Salto mortale in der Gedankenführung spielend. Um gleich zu Beginn die Intention ihres Frontalangriffs sichtbar zu machen, haben Mitarbeiter der Bildredaktion ein Porträtfoto Margaret Sangers mit einem Hitler-Bärtchen versehen. Jetzt weiß der Leser Bescheid.

Dann wird die Lieblingsgegnerin des Portals, Hillary Clinton, zitiert, die einmal gesagt hat: »Ich bewundere Margaret Sanger enorm, ihre Courage, ihre Beharrlichkeit, ihre Visionen.« John Nolte, der Autor des infamen Stücks, zieht seine Schlüsse: »Clinton hat der rassistischen Eugenikerin, die für die Nazis war, viele hohe Lieder gesungen.« Ist die Kontrahentin Trumps am Ende selber Rassistin? Nichts anderes wird suggeriert. Dabei galt ihre Verneigung gewiss nicht einer Nazisse, sondern einer Streiterin, die, trotz all der Brüche und Widersprüchlichkeiten in ihrer Biografie, viel fürs Selbstbestimmungsrecht von Amerikas Frauen erwirkt hat. Aber solch Nuancierung würde die abgefeuerte Breitseite ja möglicherweise abschwächen.

»Wir wagen uns an Geschichten, an die sich die Presse des Establishments nicht wagt«, tönt »Breitbart News« über die eigene Mission. Worin das Alleinstellungsmerkmal dieser sogenannten Nachrichtenseite liegt, zeigt die Margaret-Sanger-Story exemplarisch. Denen, die sie ins Netz stellten, ging es nicht darum, ein Leben in seinen Stärken und Schwächen auszuloten, auch nicht darum, mit einer toten Suffragette abzurechnen. Nein, das Stück ist Teil einer groß angelegten Kampagne, wie der Fortgang der erzählten Geschichte belegt. Denn die umstrittene Kämpferin war in den 40er-Jahren Mitbegründerin von »Planned Parenthood«, einer Non-Profit-Organisation, die heute in über 650 amerikanischen Kliniken medizinische Dienste anbietet, die im weitesten Sinne mit Gynäkologie und Familienplanung zu tun haben. HIV-Tests werden angeboten, Sexualkundeunterricht, Krebsvorsorgeuntersuchungen, aber auch, wenn die Indikationen gegeben sind, Schwangerschaftsabbrüche. Allein 2015 waren es weit über 300 000.

Selbst ernannte Lebensschützer, republikanische Hardliner laufen seit Jahren Sturm gegen Planned Parenthood, das seit der Ära Nixon mit Regierungsmitteln subventioniert wird. Bomben detonierten vor den Krankenhäusern. Und »Breitbart News« hämmert seit den Anfängen auf die Organisation ein. Das Register des Netzwerks registriert – Stand 1. Juli 2017 – 25 400 Eintragungen. Von der Eloge auf Donald Trump, der versprochen hat, den Geldhahn zuzudrehen, bis zum Boykottaufruf gegen 37 Unternehmen aus der Privatwirtschaft, die Planned Parenthood mit Spenden unterstützen. Und da Bannons Trupp nun einmal Meister im Großreinemachen ist, passte die Idee, Margaret Sanger ins Reich des ewig Braunen zu verweisen, wunderbar ins Gesamtkonzept des Medienunternehmens. Nun endlich, auf den letzten Zeilen des Pamphlets, erschließt sich dem Leser auch der weite Bogen zur Südstaatenfahne, deren Verbannung von öffentlichen Plätzen South Carolinas republikanische Gouverneurin nach dem Anschlag in Charleston anordnete. Breitbart wittert einmal mehr den Verrat an der amerikanischen Sache: »Die Flagge der Konföderierten ist eingeholt. Planned Parenthood, vom Steuerzahler gefördert, existiert noch immer.« Undank ist der Welten Lohn.

Der Gedanke an »Women's Lib«, an die Selbstbefreiung der Frauen, scheint der Redaktion ohnehin Albträume zu verursachen. »Was wäre wohl schlimmer für Ihr Kind«, fragt Bannons Forum am 19. Februar 2016 rhetorisch in die Runde, »wenn es an Feminismus erkrankte oder an Krebs?« Auf einem Fotocartoon zeigt eine eher beleibte Zeitgenossin ihren Allerwertesten, den sie mit einem ausgeleierten Schlüpfer in schaurigem Pink bedeckt hält. Auf ihm steht geschrieben: *This is what a feminist looks like,* schaut her, so sehen Feministinnen aus! Auch Lesben sind des Teufels, Transen erst recht. Deren HIV-Rate sei 49 Mal höher als bei Heterosexuellen. Ein verlässlicher Nachweis der steilen These fehlt. Tut der Stimmung aber keinen Abbruch.

Gehört das Weib nicht ohnehin an den Herd? Die Schlagzeilen des Macho-Forums lassen das vermuten. »Es gibt in technischen Berufen bei der Einstellung keine Befangenheit Frauen gegenüber«, ist in einem Eintrag vom 1. Juli 2016 zu lesen. »Die Bewerberinnen versagen einfach bei den Interviews.« Die sind nicht einmal tauglich für die raue Welt des Internets. »Wenn sie ein Problem mit vermeintlichen Online-Belästigungen haben, [das Wort *harassment* ist in Gänsefüßchen gesetzt], dann lässt sich das ganz einfach lösen«, heißt es am 5. Juli 2016, »Frauen sollten sich ausloggen.« Die Stammtischbrüder im Netz dürfen sich auf die Schenkel hauen.

Da ist natürlich auch Frau Merkel suspekt. »Breitbart News« setzt sich nicht journalistisch mit dem Für und Wider der Flüchtlingspolitik der deutschen Kanzlerin auseinander, sondern titelt am 6. Januar 2016, kurz nach der Kölner Silvesternacht, ebenso schlicht wie brachial: »Vielleicht ist es an der Zeit, dass sich die Deutschen Gedanken über den Gesundheitszustand von Angela Merkel machen«, *to consider the sanity.* Suggeriert wird: Die Regierungschefin ist *insane,* geisteskrank. Weist sie in die Klapse ein, bevor sie in der freien Wildbahn Schlimmeres anrichtet.

Die Pathologisierung des Gegners zählt zu Bannons bevorzugten Techniken im ideologischen Sturmgefecht, bei dem es diesmal gleich noch das deutsche Volk von seinem schlechten Gewissen freizuschießen gilt. »Die anständigen deutschen Bürger bezahlen bis heute für etwas, das nicht ihr Fehler war, für die Schuld des Holocaust, mit dem sie nichts zu tun haben, der aber ihre politischen Führer noch immer infiziert.« »Infects« heißt es in der medizinisch metaphernden Schmährede wörtlich. Ein gefährliches Virus, seit Kriegsende 1945 virulent, ist also schuld daran, dass Frau Merkel dem Grundrecht auf Asyl zu seiner Anwendung verhalf.

Zum Waffenarsenal, das in Breitbarts Vielfrontenschlachten zum Einsatz kommt, gehören gelegentlich auch antisemitische Geschütze. Die polnisch-amerikanische Historikern Anne Applebaum wagte es, in einem Essay für die »Washington Post« die rechtspopulistischen Bewegungen Europas hart zu attackieren. Ja, sie hat im Vorfeld des Wahlkampfs an gleicher Stelle sogar offen für Hillary Clinton Partei ergriffen. *Why we need a President Clinton.* Über ihre Thesen ließe sich gewiss mit Begeisterung streiten. Aber genau das tut »Breitbart News« nicht, sondern attackiert stattdessen Applebaums Religion: »Selbst die Hölle kann nicht so wüten wie eine verschmähte polnische Jüdin, die zugleich eine elitäre Amerikanerin ist.« Im gleichen Atemzug werden ihr »weltweite Medienkontakte« nachgesagt. Autor Matthew Tyrmand zitiert alte antisemitische Klischees herbei und unterstellt der klugen Denkerin die Teilnahme an einer globalen jüdischen Verschwörung.

Dem Publizisten Bill Kristol, als junger Mann Mitarbeiter der Reagan-Administration und bis heute kein

Liberaler, erging es nicht besser. Auch er hatte die Eignung des Kandidaten der Grand Old Party fürs höchste Staatsamt drastisch infrage gestellt: *Never Trump!* Die Quittung der Bannon-Getreuen folgte am 15. Mai 2016 auf dem Fuße. »Bill Kristol: republikanischer Querulant und abtrünniger Jude«, *renegade jew.* Einer wie er ist vogelfrei.

Haben wir es also auch noch mit einem Forum von Antisemiten zu tun? Ein Leserkommentar zur Attacke auf Anne Applebaum bleibt ungelöscht. Er scheint nicht gegen die Redaktionsstatuten zu verstoßen und lautet kurz und knapp: »Ihr habt vollkommen recht. Heil Hitler!« Unbeanstandet blieb ebenso eine Zuschrift wie diese: »1933 war das Jahr, in dem sich Europa von der jüdischen Kontrolle befreite.« Das »Jewish Journal« schlägt nicht ohne Grund Alarm: *Breitbart.com* schüre mit seiner Berichterstattung und mit der zumindest tolerierten Hetze seiner Gefolgschaft den Hass gegen Juden. Auch der Nachrichtenkanal NTV kommt zu einem eindeutigen Befund: »Antisemitische Schlagzeilen gehören zum Programm von ›Breitbart‹.« Doch die Dinge liegen komplizierter.

Das Netzwerk attackiert Juden, weil sie Juden sind – und ist zugleich israelfreundlich bis auf die Knochen. Kritik etwa an der Siedlungspolitik der Regierung Netanjahu findet sich hier nicht. »Breitbart News« unterhält eine kleine Dependance in Jerusalem. Es gibt eine Reihe jüdischer Autoren, den leitenden Redakteur Joel Pollak etwa. Auch die Verfasser der Tiraden gegen Anne Applebaum und Bill Kristol sind Juden – und benennen dies auch in ihren Kolumnen. David Horowitz, Jahrgang 1939 und einer säkularisierten jüdischen Familie entstammend, der einst Exponent von Amerikas äußerster Linken war, hat seine Attacke auf Kristol sogar explizit mit dessen Judentum begründet. »Ein Jude, der sich der Einheit des republikanischen Lagers widersetzt und zur Wahl Hillary Clintons aufruft, begeht Verrat an den Juden, die in ihrer Heimat mit dem Rücken zur Wand stehen.«

Das liegt voll auf Redaktionslinie: Israel sieht sich gepriesen als äußerster Vorposten der freien Welt, umzingelt von islamischen Feinden, die zu allem bereit sind. Das Gelobte Land ist ein Sinnbild der muslimischen Bedrohung. So denkt insbesondere Bannon. Er wird, wie auf der Vatikankonferenz 2014, darum nicht müde, die Notwendigkeit des christlich-jüdischen Dialogs zu betonen, den er freilich auf ganz eigene Art zu interpretieren weiß: als gemeinsam vorgetragene Kriegserklärung an die arabische Welt, an den Islam. Und wehe, wenn da ein Jude, ob nun Anne Applebaum oder Bill Kristol, nicht mitzieht. Der hat bei »Breitbart News« sein Judentum verwirkt und wird mit den übelsten antisemitischen Klischees überkübelt. Ein Jude muss bei Breitbart schon stramm rechts sein und sich als Zweckbündnispartner im Krieg gegen den Islam funktionalisieren lassen, um als guter Jude durchzugehen.

Das Vertrackte: Die konservative Nachrichtenseite, die Bannon zur Kampfplattform umbaute, ist zweifelsohne widerlich, frauenfeindlich und rassistisch. Aber sie operiert geschickt und lässt sich, etablierte Denkmuster sprengend, kaum auf einen plakativen Nenner bringen. Sie ist per se, bei näherer Betrachtung, weder durchgängig antisemitisch noch konsequent homophob. Ohne Zweifel, »Breitbart News« sagt Schwulen und Lesben demagogisch den Kampf an und beschwört abstruse Gefahrenszenarien herauf: »Die Wahrscheinlichkeit, dass Kinder, die von gleichgeschlechtlichen Paaren erzogen werden, eines Tages als Depressive oder Verfettete enden, ist doppelt so hoch wie im Bevölkerungsdurchschnitt.« Die Meldung vom 7. Juli 2016 ist eingerahmt von einem Foto, das den Hintern einer schwarzbeinigen und recht beleibten Mami zeigt, die unverfroren und lüstern nach den Händen einer weißen Schlanken greift. Ein Angriff auf die Leitkultur. Ist damit nicht alles bewiesen?

Zugleich aber hat Bannon im Jahr 2015 einen Mann zu »Breitbart News« geholt, der rein äußerlich das ultimative Gegenbild von ihm, dem ewig Verzottelten, zu sein scheint und nicht das Dunkle, sondern das Rampenlicht sucht. Er trägt nur die teuersten Designerklamotten, seine Sammlung von Gucci-Sonnenbrillen und goldenen Schuhen des gleichen Fabrikats ist legendär. Er lässt sich von Fitnesstrainern, Beratern und Bodyguards begleiten und sagt über sich, er sei »Amerikas gefährlichste Schwuchtel«: Milo Yiannopoulos, den Freund wie Feind – des komplizierten, auf einen Migrationshintergrund deutenden Nachnamens wegen – nur Milo nennen. Der Vater Grieche, die Mutter Deutsche. Er selber, der Geck mit den blondierten Strähnen, Jahrgang 1984, hat einen britischen Pass. Der Journalist, Blogger und rundum selbstverliebte Redner ist das makellose Gesicht der hässlichen Alt-Right-Bewegung und hat längst Kultstatus erlangt. Er gilt als Posterboy der

Ultrarechten in den USA, er wird von seinen Anhängern umjubelt, von seinen Gegnern aber keineswegs nur mit Widerworten angegangen. Wo immer Milo auftaucht, ist Randale garantiert.

Seine Homosexualität trägt er wie eine Monstranz vor sich her: »Ich bin ein schwuler Mann, der auf große schwarze Männer steht.« Er hat eine Kampagne »Gays for Trump« – er nennt ihn gerne »Daddy« – ins Leben gerufen. Echte Kerle halten zusammen, wie auch immer ihre sexuelle Orientierung ausschauen mag! Das dürfte manchen Breitbart-Leser, etwa aus dem *Bible Belt*, aus den Südstaaten mit stark evangelikaler Prägung, gründlich verstört haben. Für Bannons Nachrichtendienst aber war die Verpflichtung des bunten Vogels Milo ein veritabler Zugewinn. Auf einmal stand »Breitbart News« nun auch eine Popfigur zu Diensten, ein Provokateur aus Passion.

Sexismus zählt zu seinen Spezialdisziplinen: Mal spricht er Frauen die Fahrtauglichkeit im Straßenverkehr ab. Er vermutet, einem Chauvie-Blogger beipflichtend, dass es in Saudi-Arabien deswegen so wenige Pkw-Unfälle gäbe, weil dort nur Männer am Steuer säßen. Ein andermal, am 29. August 2016, verwandelt er »Breitbart News« in ein Forum für Frauenversteher: »How to make women happy.« Wie man Frauen glücklich macht? Ganz einfach! »Indem man die Erfindung der Waschmaschine und der Pille rückgängig macht.« Und weil die Plattform ihre dreisten Behauptungen zur Glaubhaftmachung gerne mit alternativen Fakten unterfüttert, verweist Milo auf ein Arbeitspapier des angesehenen »National Bureau of Economic Research«, in dem es in der

Tat heißt, die meisten amerikanischen Frauen hätten sich in den 70er-Jahren glücklicher gefühlt als heute. Mag ja sein – oder auch nicht. Nur, anders als auf dem Portal suggeriert: Ovulationshemmer oder Waschautomaten tragen an der behaupteten Entwicklung gewiss keine Schuld. Denn beides gab es schon vor einem halben Jahrhundert.

Der Breitbart-Beau aber treibt die Kunst der Faktenverdrehung auf die Spitze: »Je freier, reicher, gebildeter die Frauen sind, je mehr Wahlmöglichkeiten sie haben, umso elender ist ihr Zustand. Die Welle des Feminismus hat das Hausfrauendasein erniedrigt. Wer die eigenen Kinder anständig aufzieht, das schöne Zuhause in Schuss hält, einen liebenden Mann heiratet, wird mit Hohn und Spott überzogen. Dabei gehört dies zu den wichtigsten Dingen, die eine Frau in ihrem Leben tun kann. Möglicherweise ist es auch das Einzige, was sie besser kann als Männer.« Die von Milo konstatierte Bestimmung des Weibes »sollte respektiert und gefeiert – nicht aber herabgewürdigt werden von tränensackbehangenen Bürostuten in der Menopause, die ihre Nächte daheim mit einer Weinflasche verbringen und die sich wundern, dass es in ihrer Wohnung nach Katzenpisse stinkt. So sind sie eben, die Feministinnen, verwahrloste Wesen, an denen kein Mann mehr Freude haben mag.«

Brutaler, obszöner hat kein anderer die Breitbart-Ideologie auf den Begriff gebracht. Die Plattform veröffentlicht einen Vortragstext, überschrieben mit der Dachzeile »10 Dinge, die Milo am Islam hasst«. Es ist ein Aufruf zur Generalmobilmachung. Ein jeder greife zu den Waffen, die er beherrscht. »Wir können den islamischen Terror nicht allein mit Panzern und Bombern besiegen. Wir müssen ihn mit Ideologie schlagen – und mit Gelächter.« Damit meint er: spuckt auf die religiösen Riten der Muslime weltweit! »Ihr Aussehen ist urkomisch«, er sagt kaum zufällig *hilarious*, auf den Namen der demokratischen Präsidentschaftskandidatin anspielend, »gibt es etwas Lustigeres als eine Herde von Frauen, die in schwarze Bettlaken gehüllt sind? Und amüsant, obgleich unfreiwillig, ist auch, dass eine Religion, die Schwule ächtet, ihre Männer fünf Mal am Tag in einen Raum sperrt, damit sie die Ärsche in die Luft recken.« Das Gebet in der Moschee: ein Happening! *Islam is really funny* – aber natürlich vor allem: brandgefährlich, die Inkarnation des Bösen.

Wer dem Islam anhängt, wird von Milo in Sippenhaft genommen: »Muslime beschneiden ihre Töchter und greifen unter jeden kurzen Rock. Sie erheben die Vergewaltigung zum Kulturgut.« *That's real rape culture.* Auch in der politischen Auseinandersetzung, erfahren wir, wohnt dem Muslim an sich ein Drang zur Übergriffigkeit inne: »Der heutige Islam ist wie der Kommunismus in der Frühphase des Kalten Kriegs: Junge, unzufriedene Leute kommen mit idealistischen Visionen daher und ziehen so Millionen in ihren Bann. Wie der Kommunismus beflügelt der Islam aber nur eines: Gewalt rund um den Erdball.« Und da die vereinte Linke nun einmal unwillig sei, die Gefahr auch nur zu erkennen, gelte es, sich der alten Krieger zu erinnern. »Wie Thatcher und Reagan müssen wir den künftigen Generationen die Vision eines Westens zeigen, der stark genug ist, den Islam zu besiegen«, im Klartext: ihn wie den

Kommunismus auszulöschen. Dass das Ende des Kalten Kriegs allein das Ergebnis amerikanischer Anstrengungen gewesen sein soll, wird natürlich stillschweigend vorausgesetzt.

Bannon wird die Kriegserklärung mit Freude vernommen haben, das hohe Lied auf Ronald Reagan besonders. Milo ist ein Wesensverwandter, nur eben jünger und mit weit mehr Schick. Wenn Bannon mit schlabbernden Shorts in den Krieg zieht, hat er die Schriften des antiken Strategen Thukydides im Sturmgepäck. Der nachgeborene Breitbart-Mitstreiter begreift sich indes als personifiziertes Gesamtkunstwerk, einer rechtsradikalen Popkultur entsprungen. Eine typische Milo-Performance hat Oliver Georgi im November 2016 unmittelbar vor der Schicksalswahl für die »FAZ« aus nächster Nähe beschrieben. »Vor Kurzem badete Yiannopoulos in einer Kunstausstellung von New Yorker Hipstern mit ein paar anderen Schwulen in einer Wanne voller Schweineblut – nur bekleidet mit einer ›Make America Great Again‹-Kappe. Das Blut, erklärte er, stamme von unschuldigen Menschen, die von illegalen Einwanderern getötet worden seien. Die Installation sei eine ›Warnung aus Europa‹.« Milo setzt auf den Schock, auf grelle Effekte. Gegen die Berufsbezeichnung Hassprediger hätte er vermutlich nichts einzuwenden. Er hat Trumps Wahlversprechen zum eigenen, nur leicht variierten Slogan gemacht, der auch auf einem Banner der gesamten Bannon-Bewegung verewigt sein könnte: *Make America hate again.*

Sogar Papst Franziskus, der es gewagt hatte, sich gegen Trumps Mauerpläne zu erklären, bekommt seinen Furor zu spüren: »Sorry, Papa, aber es ist Daddy Trump, der uns gegen die Eindringlinge verteidigt.« Katholik Milo gibt den Heiligen Vater, der sich doch selbst hinter seinem vatikanischen Schutzwall verschanze, dem Gespött der Breitbart-Leserschaft preis. »Zugegeben, die Mauern rund um den Vatikan wurden erbaut, um marodierende Horden von Barbaren zu stoppen, die den römischen Gesetzen nicht folgten, kein Latein sprachen und vor allem vom römischen Wohlstand angezogen waren. Die waren natürlich ganz anders als die illegalen Einwanderer, die irgendeine Art Latein sprechen und keine römischen Gesetzte verletzen, sondern nur die Statuten von Kalifornien, Texas oder Florida.«

Der Häretiker stößt einen Seufzer zum Himmel. »Wir haben ein Kernproblem mit Franziskus: Er ist Sozialist – und, anders als sein Vorgänger, nicht intelligent genug, um zu durchschauen, dass Sozialismus immer das gleiche Ende nimmt: Unterdrückung, Armut und Elend.« Wer eine solche Strafpredigt hält – *einmal heißt es schlicht: Daddy Trump is right and Il Papa ist wrong –*, der wird bei »Breitbart« auch als Schwuler geduldet.

Wohl kein anderer könnte Bannons ein wenig verquast-abstrakte Forderung nach der Zerschlagung des Staats, einer Dekonstruktion des Gemeinwesens, besser in einen aggressiven Slang übertragen, den jedermann versteht. Milo gelingt das im Handumdrehen. Der »Spiegel« zitiert ihn mit den Worten: »Wir wollen den ganzen Scheiß in die Luft sprengen! All die Institutionen, die unser Leben bestimmen und die ihre Legitimität eingebüßt haben: Die Nato, die Europäische Union und das Internationale

Olympische Komitee, die Universitäten und die Medien. Alle Zeitungen und Fernsehsender sollen zumachen.« Einzig »Breitbart News« bleibt online. Das ist der Stoff, aus dem auch Bannons Träume sind. Nur: Damit sie wahr werden, die neue politische Ordnung Wirklichkeit wird, braucht er einen Promotor, einen Zirkusgaul in der Polit-Manege, den er vor seinen Karren spannen kann.

Ein Jahr bevor sein Feldzug als Breitbart-Chef beginnt – im Jahr 2011, Sarah Palins Hoffnungen auf eine Präsidentschaftskandidatur hatten sich gerade zerschlagen – trifft der Banker und Hollywood-Propagandist zum ersten Mal mit Donald Trump zusammen. Ein gemeinsamer Freund, David Bossie, der CEO von Citizens United, Alliierter im Glaubenskrieg und Produzent nahezu aller Bannon-Filme, hatte die Begegnung im Manhattan-Turm des Milliardärs eingefädelt. Seitdem pflegen die beiden regelmäßigen Kontakt. Der geeignete Kandidat fürs Weiße Haus scheint gefunden.

Der Breitbart-Chef widmet sich zusehends der politischen Lobbyarbeit. Die Zentralredaktion in Los Angeles bekommt ihn eher selten zu sehen. Geführt, redigiert oder getalkt wird primär auf der Datenautobahn. Bannon residiert in Washington D.C., in einem noblen Stadthaus auf dem Capitol Hill, der sogenannten »Breitbart Embassy«. Hier versieht ein Undercover-Diplomat seine Dienste. Die noble Immobilie, die über vier Schlafzimmer verfügt, gehört dem ägyptischen Geschäftsmann Mostafa El-Gindy, einem schillernden Ex-Parlamentarier, den Bannon in seiner Radio-Talkshow als »erfahrenen Staatsmann« begrüßt, dabei freilich zu erwähnen vergisst, dass er bei El-Gindy wohnt. Wer die Miete übernimmt, wenn sie denn erhoben wird, liegt im Dunkeln.

Das dreistöckige Anwesen aus ziegelrotem Backstein in der A-Street 210 ist Privatdomizil, Hauptstadtbüro und prunkvolle Repräsentationsstätte zugleich. Die Breitbart-Empfänge im Salon mit dem mächtigen Abraham-Lincoln-Porträt gelten in der konservativen Gesellschaft Washingtons als Topevents. Die Buffets: vom Feinsten. Die Liste der Eingeladenen: ein Who is Who der Rechtspopulisten. Auch internationale Stars der Szene geben sich die Ehre. Einmal, 2014, ist Nigel Farage von der britischen UKIP zu Gast, um für den Brexit zu werben und die Möglichkeiten einer gemeinsamen Kampagne zu eruieren. Er wird fortan regelmäßig Kolumnen für das Bannon-Forum schreiben. Gelegentlich bekommen die Besucher der Botschaft vom Hausherrn zum Abschied ein kleines Präsent überreicht, einen versilberten Flachmann mit eingraviertem Breitbart-Logo: dem blutrünstigen Honigdachs.

Der gelegentlichen Geselligkeiten zum Trotz: die vornehmliche Stärke von Ambassador Bannon liegt in der Geheimdiplomatie. Er sei ein »Nomade im virtuellen Raum«, schrieb die »Washington Post«. Physisch ist er bisweilen schwer zu fassen und über Jahre bei den Behörden unter einer Tarnadresse gemeldet: in Coconut Grove, unweit von Miami Beach. Die stattliche Herberge unter Palmen (Mietpreis 4900 Dollar) wird zum Schauplatz einer geheimnisumrankten Kriminalgeschichte, zu deren Hauptdarstellern Bannons dritte Exfrau zählt: Diane Clohesy, eine einstige Aktivistin der Tea-Party-Bewegung.

Die Ehe währte nur kurz, von 2006 bis 2009. Die beiden halten aber weiter Kontakt, auch nach der Scheidung geht Clohesy Bannon bei drei Filmprojekten als Assistentin zur Hand. Im Februar 2013 mieten die beiden gemeinsam ein Häuschen im Opechee Drive an. Allein: Der Verflossene wird dort, wie Reporterteams des »Guardian« und der »Washington Post« recherchierten, niemals gesichtet. Frau Clohesy lebt mit einem anderen Mann in der teuren Behausung. Sie gerät in schlechte Gesellschaft und wegen Drogendelikten in Konflikt mit der Justiz. Die Nachbarn beschweren sich über nächtlichen Lärm. Immer wieder rückt die Polizei an. Die Unterkunft verfällt. Nichtsdestotrotz lässt sich Bannon, der doch vorgibt, eigentlich ein Mann von Law and Order zu sein, hier 2014 ins Wahl- und Melderegister eintragen. Er gibt wahrheitswidrig an, in Florida zu leben.

Die Beweggründe liegen im Dunkeln. Ist es der niedrige Einkommensteuersatz? Will er, im Gefühl, dass jede Stimme zählen könnte, partout in einem der umkämpften Swing-Staaten sein Votum abgeben? Als die illegale Aktion, auf die in diesem Bundesstaat bis zu fünf Jahre Gefängnis stehen, im August 2016 erstmals öffentlich wird, beginnt die Staatsanwaltschaft zu ermitteln, zumal das Anwesen mittlerweile verwaist ist und sich der Vermieter in der Lokalpresse über den rundum heruntergekommenen Zustand seiner Immobilie beklagt. Allein der Sachschaden im Jacuzzi soll sich im fünfstelligen Bereich bewegen. Doch weit gravierender scheint: Der Millionär Bannon und heutige Chefstratege des amerikanischen Präsidenten hat über Jahre hinweg die Behörden mit einem obskuren Manöver getäuscht, indem er vorgab, in einer Ruine zu hausen. Das deutet auf kriminelle Energie. Sollte einer wie er wirklich ungehinderten Zutritt zum Sicherheitstrakt des Weißen Hauses haben?

Der Schummler hat Glück. Das Verfahren gegen ihn wird im März 2017 eingestellt, der Hautgout aber bleibt, zumal »Breitbart News« zur gleichen Zeit aggressiv Front macht gegen einen vermeintlichen Wahlbetrug, den schwarze Minoritäten begingen, die sich – gegen Bares – mit betrügerischer Absicht in die Wahlregister umkämpfter Stimmbezirke eintragen ließen, um dann für die Demokraten zu stimmen. Bannon selbst hatte schon 2008 in seinem Propagandafilm »Boarder War« Anklage gegen mexikanische Defraudanten an der Wahlurne erhoben: »Die Linke betrachtet illegale Einwanderer als Stimmvieh.« Offenkundig gilt hier zweierlei Maß.

Im Juni 2015 erklärt Donald Trump, dass er all seine Baseballkappen in den Ring werfen wird, um Präsident der Vereinigten Staaten zu werden. Er gilt als krasser Außenseiter, aber während der Primaries ist ihm ein starker Sekundant gewiss. Als Bannon im November, nach langem Vorlauf, die tägliche Online-Talkshow von »Breitbart News« zum ersten Mal auf Sendung schickt, bittet er – na wen wohl? – den Kandidaten seiner Wahl zum Interview. Die beiden schmieren einander kräftig Honig ums Maul. *Well that's such an honor. The initial show, wow!* Es sei ihm eine unglaubliche Ehre, sagt Trump, ausgerechnet zur Premiere eingeladen worden zu sein. Bannon bauchpinselt zurück: *You'll do well.* Sie werden das Ding schon rocken.

Immer wieder wird der Bewerber in den folgenden Wochen zum Plausch gebeten. Er hat nun ein verlässliches Forum, um seine Parolen unters Volk zu bringen, sich in Feindbildern von Mexikanern und Muslimen zu ergehen und die liberalen Medien als Hort der Lüge zu verteufeln. Auf kritische Nachfragen wird verzichtet. Zwei Männer – eine Meinung. Die Umgangsformen am Mikrofon lockern sich schnell. Aus »Mr. Trump« und »Mr. Bannon« werden Donald und Steve. Nur einmal, als es um den rechten Umgang mit Einwanderern aus Kanada geht, gibt sich Trump ein wenig moderater als sein Unterstützer. An der Begeisterung des Immobilienmoguls ändert das natürlich nichts. *Breitbart is a pretty big thing*, ein richtig cooles Instrument, das sich gut nutzen lässt.

Eine Weihnachtsbotschaft der besonderen Art, auf der Plattform eingestellt am 24. Dezember 2015, zeigt den Vorwahlkandidaten beim Verlassen seiner fett mit dem eigenen Namen bepinselten Privatboeing 757, die Ankunft eines neuen Messias: *The great Truthteller of 2015: Donald J. Trump* – der Wahrhaftige betritt irdischen Boden, ein Verfolgter wie einst das Kind in der Krippe. Nur dass König Herodes ein Waisenknabe war, im Vergleich mit den auf Donald angesetzten Häschern. »Unsere korrupten, verkommenen Medien fürchten nichts mehr als die Wahrheit. Diese linken Lügner, diese Beschützer des Regierungsapparats, diese Huren, die sich verdingen, um ihre Privilegien zu wahren, wollen mit ihrer widerwärtigen Gesinnung einen Verkünder der Wahrheit auslöschen, vernichten. Nur darum widerfährt dem republikanischen Frontmann so viel demagogischer, giftiger Hass. Aber das wird kein Politiker, Sarah Palin ausgenommen, jemals verstehen.« Und kein anderes Medium außer »Breitbart News«. Joel Pollak benennt das Vorhaben seines einstigen Chefs ganz offen: »Die größte Offensive, die Steve jemals gestartet hat, zielte auf den Gewinn des Weißen Hauses.«

Also setzt die Redaktion alles daran, sich als Präsidentenmacher zu beweisen. Ab dem Moment, da Trump das Rennen aufnimmt, zählt nur noch blinde Gefolgschaft. Dann aber passiert ein folgenschweres Malheur: Am 8. März 2016, es ist Weltfrauentag, begibt sich Michelle Fields, eine junge Reporterin aus dem Pool der Getreuen, auf Dienstreise, um eine Pressekonferenz zu covern, die der zum Heilsbringer Erkorene in seinem Golfklub in Palm Springs/Florida abhält. Nach der Veranstaltung will sie dem Bewerber noch eine Frage stellen. Sie versucht, ihn anzusprechen – und wird dabei vom damaligen Wahlkampfleiter Corey Lewandowski handgreiflich angegangen.

Die bei der Polizei hinterlegten Fotos dokumentieren jede Menge blaue Flecken. Die tätlich Angegangene macht das Vorkommnis publik, mehr noch: Sie erwartet den Beistand ihres Arbeitgebers. Aber weit gefehlt! »Breitbart News« stellt sich auf die Seite des handgreiflichen Trump-Bediensteten und distanziert sich von der eigenen Mitarbeiterin. Deren Vorwürfe seien weit überzogen. In Wahrheit habe, lesen wir in einer Schadensbilanz des Bannon-Netzwerks vom 29. März 2016, die Reporterin den Kandidaten zu befingern versucht. Kein böses Wort über Donald und seine Mannen!

Jetzt kommt es in der Redaktion zum offenen Streit. Michelle Fields kündigt fristlos. Und vier andere Redakteure tun das auch. Als Journalist, der sich der Wahrheit verpflichtet sieht, könne er sich nicht länger, wie er sagt, für eine »Trump-Prawda« verdingen, erklärt Ben Shapiro, einer der Aussteiger. »Es bricht mir das Herz, aber ›Breitbart News‹ ist zum Gegenteil dessen geworden, was Andrew einmal wollte.« Der hätte eine Kollegin, die sich beim Kampf an vorderster Front eine blutige Nase geholt hat, wohl nie im Regen stehen lassen. Jarrett Stepman, der ebenfalls in Solidarität demissioniert, wird nicht weniger deutlich: »Wir bekommen hier Anweisungen von den Wahlkampfstrategen. Das kann ein Journalist nicht hinnehmen. ›Breitbart News‹ ist keine Nachrichtenseite mehr, sondern zur Propagandamaschine der Trump-Kampagne geworden.« Es ist der verzweifelte Versuch einer Palastrevolution. Bannons Bataillone aber marschieren weiter.

Deren Anführer kämpft an zwei Fronten zugleich. Er kommandiert den *war room* in der Redaktion und befehligt parallel die Propagandatruppen in Trumps Wahlkampagne. Zwei Fronten – ein Kriegsziel: die Eroberung des Weißen Hauses, die Zerschlagung eines liberalen, toleranten Staats.

Mit der kompromisslosen Lobpreisung des Kandidaten der Rechten einher geht, in konzertierter Aktion, ein Vernichtungsfeldzug gegen die Konkurrentin aus dem Lager der Demokraten. Stephen Bannon verfilmt im Frühjahr 2016 Peter Schweizers Bestseller »Clinton Cash«, der die Geschäfte des Expräsidenten und seiner Frau zu durchleuchten versucht. Verdachtsmomente, gerade gegen die gemeinnützige Stiftung des Paares, die auch mit afrikanischen Diktatoren im Bunde sein soll, finden sich zuhauf, wirklich belastbare Fakten aber kaum. Um die angebliche Verschiebung von immensen Geldern und sündhaft hohen Vortragshonoraren zu illustrieren, regnet es in gewohnter Bildsprache Dollarnoten vom Himmel. Wenn die Clintons zur Kasse bitten, scheinen Sodom und Gomorrha zum Greifen nah.

Die Außenministerin in Obamas erstem Kabinett ist gewiss keine Heilige. Aber, wie gehabt: Bannon bemüht keine Fakten. Er denunziert. Und er sieht voraus, das wird genügen. Der Hass auf »die da oben«, der nicht nur fremdgeschürt ist, sitzt bei vielen allzu tief. Und Hillary Clinton scheint nun einmal, anders als ihr von den Demokraten abgemeierter Parteikontrahent Bernie Sanders, das Klischee der alten, sich selbst bedienenden Kaste perfekt zu bedienen. Zur Garantin im Kampf gegen den Filz taugt die einstige First Lady jedenfalls nicht, auch wenn sie vermutlich – anders als Trump – nicht gleich die halbe Familie ins Kabinett berufen hätte.

Der Streifen ist mit hohem Aufwand produziert. Gedreht wird rund um den Globus. Das von Familie Mercer finanzierte Government Accountability Institute, dem der rechtskonservative Peter Schweizer als Präsident vorsteht, hat die nötigen Gelder verschafft. Obwohl sogar in Cannes vorgeführt (mit einem anschließenden Empfang auf Mercers Jacht *Sea Owl*), floppt auch dieses Lichtspiel. Die Suppe scheint einfach zu dünn. Macht nichts. Das Werk ist nur ein Mosaikstein einer weitverzweigten, von Bannon und den Seinen ausgeklügelten Kampagne. Und irgendetwas wird schon an der Kandidatin hängen bleiben.

Milo darf derweil bei »Breitbart News« auf Kosten der Aspirantin Clinton seine Zoten reißen: »Warum begeistert sich Hillary für Frauen, die in einer Burka stecken? Ganz einfach! Damit Bill mit seinen Blicken und Händen nicht so leicht auf Wanderschaft gehen kann.« Verglichen mit der Schlagzeile drei Tage vor der Wahl allerdings erscheint das noch harmlos. *Hillary Clinton should be in jail, not in the White House.* Die Rivalin soll hinter Kerkermauern schmoren!

Knast für die Konkurrentin: Den Breitbart-Slogan hat Trump sich zu eigen gemacht und sich dabei gern auf dubiose Informationen russischer Hacker berufen. »Breitbart News« macht daraus eine Wahlempfehlung, so wie es alter Brauch ist in vielen wichtigen amerikanischen Medien. Aber so undifferenziert, so unverfroren diskriminierend hat bislang kein anderer vom Leder gezogen wie Tom Tancredo, der einstige Kongressabgeordnete, der 2015 die Republikaner verließ, weil ihm die Partei zu liberal war. Er schreibt Hillary Clinton auf dem populistischen Portal zur öffentlichen Fahndung aus. »Es gibt keinerlei Anlass, bei der Stimmabgabe mit sich zu ringen. Der Bürger hat die Wahl zwischen einem perfekten Bewerber und drei anderen, wobei es einer Beleidigung unserer Nation gleichkommt, dass die demokratische Kandidatin ins Gefängnis gehört und nicht in die Novemberschlacht ums Präsidentenamt. Der einzige Grund, für Hillary zu votieren, liegt darin, 1600 Pennsylvania Avenue formell der kriminellen Klasse zu übergeben. Und die in der Tat repräsentiert Clinton vortrefflich.«

In dem millionenfach gestreuten und vermutlich justiziablen Aufruf entlädt sich einzig Hass. Ein letztes Mal draufhauen, Ressentiments, eine wilde Mixtur aus Lügen, Verkürzungen und Halbwahrheiten unter die Wähler bringen! In ihrer Zeit als Anwältin in Arkansas habe Frau Clinton einmal einen Kinderschänder verteidigt, den Wikileaks-Gründer Julian Assange aber mit dem Tode bedroht, weil sie die Wahrheit fürchte. In der Mail-Affäre belüge sie die Behörden, sie wolle die Grenzen für Illegale öffnen und weiterhin syrische Flüchtlinge ins Land lassen, bei denen »nicht ausgeschlossen werden kann, dass sie Verbindungen zu Terroristen unterhalten oder gar Sympathien für sie hegen«. Gemessen an Hillarys Untaten, dem *Clinton Crime Syndicate,* so das Fazit, nehme sich der Watergate-Skandal wie »ein Sonntagspicknick« aus.

Ob Pamphlete wie diese tatsächlich die Stimmung im Land verändert, den Ausgang der Wahl gar entscheidend beeinflusst haben? Eine Studie von Wissenschaftlern der Harvard University und des Massachusetts Institute of Technology (MIT) sagt: Ja! Die im März 2017 publizierte Untersuchung wertet sage und schreibe 1,25 Millionen Geschichten aus, die zwischen dem 1. April 2015 und dem Wahltag am 8. November 2016 in amerikanischen Medien veröffentlicht, aufgegriffen, kommentiert und über die Untiefen des Internets geteilt wurden. Die Analyse dokumentiert einschneidende Veränderungen. »Verankert bei

Breitbart, ist ein eigenes System entstanden, das als Rück-
grat die sozialen Netzwerke nutzt. Widerstandskämpfer,
die kein Pardon kennen, haben der Welt den Krieg erklärt.
Dieses Pro-Trump-Mediengeflecht hat nicht nur die Agenda der konservativen Medien bestimmt, sondern auch alle
anderen entscheidend beeinflusst, insbesondere bei der Berichterstattung über Hillary Clinton.« Wenn Breitbart etwa
eine Meldung über den jüngsten Stand der Ermittlungen in
der E-Mail-Affäre, über gelöschte Accounts oder saudische
Großspenden für die Kampagne der demokratischen Bewerberin absetzte, wurde das auch von Mainstreammedien
begierig aufgegriffen, zumindest zitiert. So war das Gerücht
unabhängig von seinem Wahrheitsgehalt in der Welt, in der
virtuellen vor allem.

Bannons Crew hat freilich nicht allein die persönliche
Abrechnung mit einer verachteten Gegenspielerin im Auge
gehabt. Ziel des Generalangriffs ist, den Kommandos ihres
Schlagmanns folgend, einmal mehr die gesamte liberale
Elite zu treffen, der es am Wahltag den tödlichen Schlag zu
versetzen gelte, oder, wie »Breitbart News« posaunt: »Der
Skandal ist, dass Hillary Clinton als Kopf eines internationalen Verbrechersyndikats längst hinter Schloss und Riegel
säße, wenn sie nicht vom Establishment der Medien, von
Obamas Leuten im Justizministerium, von Hochschulleh-
rern, von Anwälten und von der Welt des Big Business beschützt würde.«

Internationales Verbrechersyndikat! Den Redakteuren
steht reichlich Drecksarbeit ins Haus, um die Gangstercli-
que hochgehen zu lassen, nach der man rund um den

Globus fahndet. Dazu bedarf es Verbündeter, keineswegs nur aus Amerika. Die Plage des Globalismus lässt sich nicht allein von *einem* Stützpunkt aus besiegen. Bannon hat darum früh an seiner Vision gearbeitet, seine Plattform zu einem weltweiten Netzwerk nationalistischer Hardliner, zur Einheitsfront der Xenophoben auszubauen.

Um die Probe aufs Exempel zu machen, hat »Breitbart News« 2014 einen Außenposten in London aufgebaut, auf dass eine kleine, schlagkräftige Eingreiftruppe die Nationalisten des Königreichs, ihre Pläne von der Zerschlagung der europäischen Einheit mit publizistischen Handreichungen unterstütze. Gibt es ein besseres Terrain, um – Monate vor dem Urnengang in den Vereinigten Staaten – einen Feldversuch zu wagen, wie sich die Stimmung im Wahlvolk anheizen lässt? »Bannon hat instinktiv gespürt, was sich unter Englands Oberfläche zusammenbraute«, kommentiert, nicht frei von Bewunderung, die »Weltwoche«, die rechtspopulistischen Tendenzen bisweilen höchst aufgeschlossen gegenübersteht, »er sah den Brexit voraus, Jahre, bevor es so weit war.«

Je näher das Votum über den Brexit im Juni 2016 rückt, desto aggressiver werden die Töne. Die Redaktionen in Los Angeles, London und Washington spielen einander die Bälle zu. Jene Konservativen – die Tories rund um David Cameron –, die für einen Verbleib in der EU sind, sehen sich zum Abschuss freigegeben: »Dies ist eine Partei«, schreibt etwa der britische Kolumnist Benjamin Harris-Quinney sechs Wochen vor dem Plebiszit, »die von Leuten angeführt wird, die gefährliche Psychopathen sind und sexuelle

Straftäter, die ihre eigenen Mitglieder mit Terror auf Linie zu bringen versuchen. [...] Die konservative Partei wird so lange eine lahme Ente bleiben, bis sie ihre inneren Kämpfe beendet hat und andere Teile der Bewegung die Macht übernehmen. Für wahre Konservative gibt es dieser Tage nur eines: den Brexit.«

Die Rechnung mit der kalkulierten Aufwiegelung der öffentlichen Meinung ist wenig später aufgegangen. »Ihr werdet sehen«, prahlt Milo am 24. Juni 2016 mit stolz geschwellter Brust, aber nicht ohne Weitsicht, »das betrifft nicht nur Großbritannien. Die Revolution ist auf dem Weg.« Bannon hat den Stresstest vor dem unmittelbar bevorstehenden Trump-Wahlkampf bravourös bestanden. Er weiß nun, wie man Kampagnen gewinnt. Und Nigel Farage, für die Briten *das* Gesicht des Brexit, weiß, wem er zu danken hat: *Well done Bannon, well done Breitbart – you've helped.* Das habt ihr fein gemacht, ihr wart eine große Hilfe!

VI.
Im totalen Krieg

Der 17. August 2016 – seit dem Brexit sind gerade einmal zwei Monate vergangen – ist vermutlich der wichtigste Tag in Stephen Bannons wild bewegter Laufbahn. Da hat Robert Mercer, die solvente Eminenz der republikanischen Rechten, ein Machtwort gesprochen und Donald Trump, dessen Umfragewerte seit Wochen tief im Keller sind, einen neuen Chef für die Präsidentschaftskampagne verordnet. Tochter Rebekah bringt die Misere auf den Begriff: »Deine Kampagne ist eine Katastrophe.« Die Familie des IT-Milliardärs und Waffennarren will ihr Geld nicht länger für ein aussichtloses Projekt verpulvern. Aber natürlich gilt es, Hillary Clinton zu verhindern. Robert Mercer nennt sie schlicht »die Apokalypse«. Um der zu entgehen, hilft nur noch ein radikaler Paradigmenwechsel. Von nun an also darf der aufs Klingenkreuzen versessene Propagandist auf direktem Wege Politik machen. Er braucht keine Medien mehr, keine Kameraleute, Filmvorführer und Redaktionsbedienstete. Er braucht einzig eine Marionette, die er führen kann.

Aber erst einmal muss er die Figur Trump von Grund auf neu erfinden, das Kunststück vollbringen, den Besitzer des Trump-Towers, den Hotelmagnaten, den Golfspieler auf eigenem Grün, den es vor die Fernsehkameras zieht, als Anwalt und Retter des einfachen, von der Politik vergessenen Mannes zu verkaufen. Das schafft nur einer, der im Jonglieren mit der Wahrheit erprobt ist. »Während das Establishment Trump noch als Clown abtat«, so die »NZZ« in ihrem Porträt, »erkannte Bannon den TV-Star als starkes Zugpferd für seine Agenda.« Also entwickelte er nach seiner Ernennung – im wahrsten Sinne des Worts – einen Schlachtplan für den wohl aggressivsten, dreckigsten Wahlkampf in der Geschichte der Vereinigten Staaten, für ein Gefecht, in dem jedes Mittel erlaubt schien und es keine Schutzkonventionen mehr gab.

Gut einen Monat vor der Wahl war der Mitschnitt eines Männergesprächs aus dem Jahr 2008 öffentlich geworden, in dem Trump mit seinen sexuellen Übergriffigkeiten prahlt. Ein Star wie er könne sich eben alles erlauben und auch verheirateten Frauen ungestraft zwischen die Beine greifen. Schockstarre in der Partei, die konservative Stammwählerschaft zeigte sich angewidert. Der Kampf ums Weiße Haus schien entschieden, der Wiedereinzug der Clintons besiegelt. Doch dann überkommt Bannon, den Freund des Teufels, die infernalische Idee zum Gegenschlag, unfair, ausgekocht und brutal.

Minuten vor der zweiten Live-Debatte im Fernsehen, Anfang Oktober 2016, bittet Trump die angereisten Medienvertreter zu einem scheinbar spontan anberaumten

Briefing ins geschichtsträchtige Watergate-Hotel in Washington. Die großen TV-Stationen sind live dabei. Wird sich der Kandidat der »Grand Old Party« zu seinen sexistischen Sprüchen äußern? Wird er am Ende gar das Handtuch werfen? Was niemand zuvor ahnt: Trump tritt mit einem Gefolge von vier Frauen vor die Kameras. Dann folgt der große Paukenschlag.

Das Quartett erhebt, zum Teil unter Tränen, schwerste Vorwürfe gegen Hillarys Ehemann Bill. Der einstige Präsident sei notorisch übergriffig gewesen. Die Beschuldigungen reichen bis hin zur Vergewaltigung, 1978 in einem Hotelzimmer. Auch die Kandidatin selbst gerät in die Schusslinie. Denn die vierte der herbeigeschafften Belastungszeuginnen ist Kathy Shelton, die als 12-Jährige missbraucht wurde. Hillary Clinton hat den Täter damals, 1975, als junge Anwältin verteidigt und für ihren Mandanten die Verurteilung zu einer Bewährungsstrafe erwirkt. Aber hat sich Trumps Kontrahentin damit einst, wie nun im perfiden Rundumschlag behauptet, als Helfershelferin sexueller Gewalt schuldig gemacht, nur weil sie ihren Job bei Gericht mit der gebotenen Professionalität erledigte? Jeder Angeklagte hat einen Anspruch auf juristischen Beistand. Aber solche Finessen zählen logischerweise wenig in einer Kampagne, die sich die Vernichtung der etablierten Ordnung, zu der eben auch der Rechtsstaat zählt, auf die Fahnen geschrieben hat.

Die präsentierten Fälle sind nicht neu, zwei der vorgeführten Zeuginnen gegen Bill Clinton sind vor Gericht gescheitert, weil sie sich bei ihren Aussagen in Widersprüche verwickelt hatten. Aber so geballt zur Schau gestellt, in gerade einmal einer Viertelstunde, waren die gravierenden Anklagen noch nie. Und immerhin hat Hillary Clinton über eine der ihren Mann bezichtigenden Frauen gesagt, sie würde sie am liebsten kreuzigen. Jetzt sieht die 73-jährige Juanita Broaddrick – sie sitzt schwarz gekleidet am Tisch direkt neben Trump – die Stunde der späten Genugtuung gekommen: »Mag ja sein, Mr. Trump hat ein paar schlimme Worte gesagt, aber Bill Clinton hat mich vergewaltigt und Hillary Clinton hat mich bedroht.« Gegenüber »Breitbart News« wiederholt sie ihre Vorwürfe. Trump twittert begeistert an seine Follower: »Exklusives Videointerview: Bill Clintons Anklägerin bekräftigt ihre Vorwürfe wegen brutaler Vergewaltigung.« Dann verweist er auf den entsprechenden Link. Das Zusammenspiel mit der Plattform funktioniert weiterhin perfekt.

Das Tribunal, in dem die Beschuldigten keine Chance der Verteidigung hatten, zeigt Wirkung. Verglichen mit den behaupteten Skandalen bei den Clintons erscheinen Trumps sexistische Sprüche auf einmal wie lässliche Sünden. Der Tiefpunkt ist überwunden. Die Kurven in den Wahlprognosen weisen wieder nach oben. Und keiner der politischen Beobachter in Washington hegt einen Zweifel, wer den rabiaten Entlastungsangriff, die Attacke weit unter der Gürtellinie gefingert und befohlen hat. »Mister Bannon glaubte«, so die »New York Times« in ihrem legendär lakonischen Stil, »dass die Ausstrahlung der Beschuldigungen dafür sorgen werde, ganz schnell wieder zu den Kernfragen der von ihm geführten Kampagne zurückzukehren. Der nationalen

Mission Amerikas und dem Leiden der Mittelschicht.« Das in der Tat ist ihm mit seinem Überfall gründlich gelungen. Im Kriegszustand, in dem sich Bannon ohne Unterlass wähnt, heiligt der Zweck jedes erdenkliche Mittel.

Als erprobter Netzwerker weiß er allerdings, wie wichtig die Unterstützung von gleichgesinnten Weggefährten ist. Schon in seiner Vorzeit als Filmemacher in Hollywood hat er seinen Bruder, ja, sogar seine Exfrau mit ins Boot geholt. Der Kampf an vorderster Front macht einsam. Also ernennt er, kaum zu Trumps Wegweiser bestellt, David Bossie, den Kumpan und Direktor von Citizens United, den tätigen Unterstützer seiner Filmprojekte, zum stellvertretenden Chef der Kampagne. Auch Sebastian Gorka, der kompromisslos nationalistisch gesinnte Breitbart-Kolumnist und langjährige Berater des ungarischen Autokraten Viktor Orbán, wird für den Kampf gegen die Clintons unter Vertrag genommen. Alte Freunde zählen jetzt doppelt.

Vor allem aber setzt der oberste Befehlshaber von Trumps Truppen einmal mehr auf seinen größten Gönner, den Software-Entwickler, Hedgefonds-Manager und Finanzanalysten Robert Mercer. Der Milliardär, der Bannon zum Chef der Kampagne machte, ist besessen von der Idee, die Sehnsüchte und Ressentiments der meist schweigenden Mehrheit in mathematische Parameter, in digitale Persönlichkeitsprofile zu fassen – um daraus auch politisch Kapital zu schlagen. Darum hat er 2012 bekanntlich Millionen in den Ausbau der Online-Kampfmaschine »Breitbart News« gesteckt. Ein Jahr später ließ er das Informatiklabor

Cambridge Analytica (CA) gründen, das sich auf systematische Suche nach all den Spuren begibt, die wir im Netz hinterlassen: Aktivitäten in sozialen Netzwerken, Likes bei Facebook, Anfragen bei Google, Log-in-Signale unserer Handys, die Warenkörbe bei digitalen Shopping-Touren, kurzum: Big Data, virtuelle Puzzlesteine, aus denen sich Psychogramme von Konsumenten, aber eben auch von Wählern zusammensetzen lassen. Das ist operatives Spielmaterial nach Bannons Geschmack, der wohl kaum zufällig während der Anfänge im Aufsichtsrat des in London ansässigen Meinungsforschungsinstituts saß.

Die Befürworter des Brexit hatte CA nach eigenen Angaben mit umfänglichem Datenmaterial versorgt. Inwieweit sie tatsächlich in die Kampagne einflossen, ist allerdings unklar. Die Aussagen hierzu sind widersprüchlich. Das Team von EU-Hasser Nigel Farage allerdings, dem erklärten Liebling von »Breitbart News«, hat im November 2015 durchblicken lassen, dass man mit dem Mercer-Institut gewinnbringend kooperiere. Es darf als ausgeschlossen gelten, dass sich nicht auch Bannon der Erkenntnisse von Cambridge Analytica bedient hat. Eine vielbeachtete, wenn auch vielleicht allzu alarmistische Reportage vom Schweizer »Magazin« berichtet über einen Auftritt des CA-Chefs Alexander Nix in New York. Seit Bannon die Trump-Kampagne übernahm, ist gerade einmal ein Monat vergangen.

»Wir bei Cambridge Analytica«, prahlt der CEO, »haben ein Modell entwickelt, das die Persönlichkeit jedes Erwachsenen in den USA berechnen kann.« Das mag ein wenig übertrieben sein. Aber mehr als 20 Millionen solcher

Profile sind verbürgt. »Die Idee, alle Menschen mit den gleichen Botschaften anzusprechen, ist tot«, sagt Nix, »unsere Kinder werden nur noch Werbung kennen, die auf jeden Einzelnen zugeschnitten ist.« Und eben diese Zukunftsvision hat Bannon, so wie es ausschaut, bereits in den letzten Momenten des Wahlkampfs Wirklichkeit werden lassen. Bei der Navy und an New Yorks Börse hat er begriffen, dass die Bestimmung des richtigen Kurses im Grunde ein mathematisches Problem ist.

Am Tag der dritten Fernsehdebatte, das ergab die Recherche des »Magazin«, versendet Trumps Team 175 000 verschiedene Variationen seiner Argumente, vor allem via Facebook. Sie differieren meist nur minimal, agitieren etwa mit unterschiedlichen Videos und Fotos, variieren in der Länge und auch im Design. Gelegentlich werden die Botschaften gezielt an ausgesuchte ethnische Gruppen gestreut. Afroamerikaner zum Beispiel bekommen Videos zugespielt, in denen Hillary Clinton schwarze Männer als Raubtiere bezeichnet. Zum Schluss seines Vortrags hat Alexander Nix übrigens noch einen kleinen Hinweis gegeben. »Ich kann Ihnen sagen, dass wir mittlerweile für einen der beiden verbliebenen Kandidaten arbeiten.« Und damit hat Mercers Mann bestimmt nicht die Bewerberin der Demokraten gemeint.

Trump weiß, wem er den November-Triumph zu danken hat: den Tüftlern rund um seinen engsten Berater, die ihm den rechtsfreien Raum des Internet öffneten, in dem kein Kraut gegen die Verleumdung gewachsen und jedes Dementi zwecklos ist. Hier hat er freies Spiel. Hier lassen sich im Sekundentakt alternative Fakten schaffen. Am 1. Juli 2017 twittert der Präsident an seine Gemeinde: »Erinnert euch, ich gewann die Wahl 2016 mit Interviews, Reden und sozialen Medien. Ich musste die Fake News schlagen, und das tat ich.« Er konnte dies, weil ihm Bannon, erst bei Breitbart, dann in der Wahlkampfzentrale eine virtuelle Propagandamaschinerie zusammenbaute, wie es sie nie zuvor gegeben hatte.

Drei Tage vor der Wahl landet er seinen letzten, mag sein, seinen entscheidenden Coup. Bannon besinnt sich auf seine vielen Kriegseinsätze fürs Kino und inszeniert einen Kurzfilm, einen Spot, der die Trump-Welt, die er schuf, in exakt zwei Minuten finstere Gestalt annehmen lässt. Spätestens jetzt tritt er das Erbe Leni Riefenstahls an, das ihm einst Andrew Breitbart zuschrieb. Eigentlich ist die Dramaturgie eher schlicht: Donald Trump hält, von einem Fahnenmeer mit seinem Namen umrankt, eine Rede, die sich streng an die Vorgaben seines Einbläsers hält. Die Stimme des Rhetors ist samtweich an diesem Tag, beifallsumrauscht, unterlegt mit einschmeichelndem Piano. Die zu verkündende Botschaft scheint von historischer Bedeutung. »Donald Trumps Argument für Amerika« heißt der Streifen.

Der Kandidat hebt an und appelliert gleich im ersten Satz ans große Wirgefühl. Das ungeliebte Substantiv »Partei« wird geflissentlich umgangen. »Unserer Bewegung geht es nur um eines: ein gescheitertes und korruptes politisches Establishment durch eine neue Regierung abzusetzen, die von euch, dem amerikanischen Volk, kontrolliert wird.« Just als das Wort »korrupt« fällt, ist in einem Sekundenschnipsel das Konterfei Hillary Clintons zu sehen. Als Trump vom amerikanischen Volk spricht, huschen neben einer weißen Mutter mit Kind auch zwei kaffeebraune Schöne durchs Bild. Merke: Donald, der Anwalt der kleinen Leute, ist nun einmal kein Rassist. Aber die alten Schlagworte werden weiter gepflegt. »Das Establishment hat Milliarden in diese Wahl gepumpt« – erraten: jetzt rattern Dollarnoten durch eine Geldzählmaschine – »für diejenigen, die in Washington an den Hebeln der Macht sitzen.« Aufs Stichwort genau umkreist die Kamera das Kapitol.

Als von »einer Gruppe von Leuten« die Rede ist, »die für unsere katastrophalen Handelsverträge verantwortlich sind und nichts Gutes für unser Land wollen«, sehen wir eine Phalanx von Spekulanten. Dummerweise, aber in der exakt kalkulierten Dramaturgie wohl kaum zufällig, sind die in eindeutiger Bildsprache herbeizitierten Schacherer zuallermeist Juden: George Soros, der liberale Investor mit dem weiten Herzen, oder die Goldman-Sachs-Banker Lloyd Blankfein und Janet Yellen. Bannon hat die Schuldigen schnell ausgemacht – und spielt mit dem Klischee der jüdischen Weltverschwörung. Das wird den Antisemiten im Land gefallen und zeigt einmal mehr, dass der von Teilen der amerikanischen Rechten so gern beschworene christlich-jüdische Dialog nicht auf eine vorurteilsfreie Begegnung abzielt, sondern allenfalls der Kampfansage an einen gemeinsam auserkorenen Feind dient, an die Muslime. Und was die angeklagte Welt des großen Geldes angeht: Mit der haben die beiden Fighter gegen das Establishment, der

Präsident und sein Berater, nach der gewonnenen Wahl bald ihren Frieden gemacht. Wenn wir Bannon dazuzählen, gehören fünf ehemalige Goldman-Sachs-Mitarbeiter der Trump-Administration an.

Kurz darauf illustriert eine verwaiste Industrielandschaft die Behauptung, dass »unsere massive Einwanderung« (das vereinnahmende Possessivpronomen *our* findet in der 120-Sekunden Ansprache gleich achtfache Verwendung) »unser Land ausgeblutet hat«. Wir ahnen: Da wird nur einer helfen können. Doch weiter im Text: »Es sind die globalen Machtstrukturen, die unsere Arbeiterklasse ausgeplündert und unser Land seines Reichtums beraubt und die Arbeitsplätze nach Mexiko, China und andere Länder dieser Welt veräußert haben.« Passend zum Text haben Barack Obama, Bill und Hillary Clinton noch einmal einen kurzen Auftritt in diesem Schurkenstück, für dessen Ausstrahlung der Herr der Kampagne vier Millionen Dollar in die Hand nimmt und das sich überdies im Netz rasend schnell unter der Wählerschaft verbreitet.

Am Ende trieft nationales Pathos in Strömen. Trump hat eine finale Fürbitte: »Die einzige Macht, die stark genug ist, um unser Land zu retten, sind wir.« Von nun an sehen wir nur noch den als Befreiungskämpfer verkleideten Milliardär. Der Tribun der Unterjochten steht inmitten einer begeisterten Menge. »Das einzige Volk, das mutig genug ist, um gegen dieses korrupte Establishment zu stimmen, seid ihr, das amerikanische Volk. Ich mache meinen Job für euch. Wir werden dieses Land für euch zurückerobern.« Am Ende reckt der selbst ernannte Erlöser – es wird so im

Drehbuch stehen – siegesgewiss die geballte Faust in die Höhe: *And we will make America great again!* Auf zum letzten Gefecht!

Dieser Zwei-Minuten-Schnelldurchlauf lässt die ideologischen Positionen, die Bannon dem Mann verordnete, der zum 45. US-Präsidenten gewählt werden sollte, noch einmal in wildem Geflimmer Revue passieren: Die Welt, in der es sich der Präsident und sein dunkler Einflüsterer einrichten, ist ein einziges Schlachtfeld, auf dem es keine Aussöhnung gibt. Selbst nach ihrer Niederlage sieht sich Hillary Clinton von »Breitbart News« unter Berufung auf anonyme Quellen als Bestie porträtiert: »Sie begann zu schreien, sie wurde obszön, begann, auf dem Mobiliar herumzutrampeln, und warf mit Gegenständen nach ihren Begleitern. Sie war vollkommen außer Kontrolle.« Der ausgerufene Kreuzzug kennt kein Zurück. Die Gefechte, die der Schattenpräsident anzettelt, werden sich gewiss nicht nur auf amerikanischem Boden vollziehen. »Nur Bannon weiß, was Bannon wirklich will«, heißt es in Guilfords und Sonnads Essay über den Geist des Trumpismus, »eines aber wissen wir ganz genau: Dass ein Mann, der tiefe Sehnsucht nach einer gewaltförmigen Wiederauferstehung der ›westlichen Zivilisation‹ bekundet, jetzt die Macht hat, sich seinen Traum zu erfüllen.«

Die alten Weggefährten aus Hollywood oder der »Breitbart«-Redaktion braucht er nicht mehr. Trump ist im Amt, die Mission erfüllt. Nach der Wahl hat die Nachrichtenseite, so die »Washington Post« im Mai 2017, 90 Prozent der Anzeigenkunden und knapp die Hälfte der Leser eingebüßt.

10,8 Millionen Hassklicks pro Monat aber sind es noch immer. Halten die Umsatzrückgänge an, dürfte das Robert Mercer, der Pate, aus seiner Portokasse egalisieren. »Breitbart News« mangelt es an journalistischem Anstand, an finanziellen Ressourcen indes nicht. Auch darum ist das Portal so gefährlich.

Doch in der Tat, seit Steuermann Bannon über Bord ging, ist das einstige Flaggschiff der äußersten Rechten ein wenig außer Kurs geraten. Auch Scharfmacher Milo allerdings hat im Februar 2017 die Segel gestrichen, wenn auch nicht ganz aus freien Stücken. Ein Interview, in dem er der Pädophilie, den Vergnügungen erwachsener Männer mit 12-jährigen Knaben, positive Aspekte abgewann, war der konservativen Kundschaft dann doch eine Provokation zu viel. Die »Breitbart Embassy« ist geräumt. Die ehrgeizigen Pläne, weiter nach Europa zu expandieren, um in Paris zum Sprachrohr des Front National und in Berlin zum Organ der AfD zu werden, sind zunächst einmal auf Eis gelegt. America first! Wenigstens einmal hat der Slogan sein Gutes.

Gelegentlich steckt Trumps oberster Stratege den publizistischen Bataillonen, an deren Seite er für Trump den Weg ins Weiße Haus freischoss, noch ein paar Insidertipps zu. Er hat sogar eine Sondergenehmigung erhalten, die es ihm erlaubt, wann immer er mag, Hintergrundgespräche mit den einstigen Kollegen zu führen, im Klartext: Informationen an Breitbart durchzustechen. Aber eigentlich kämpft er längst in einer anderen Liga. Die Tage in der Propagandadivision sind vorüber. Nun kommandiert er keine Bleistifte mehr. Er spielt nicht länger Krieg. Jetzt darf er ihn führen.

Gegen die Fremden, gegen die Juden, gegen Millionen von bislang noch Krankenversicherten, gegen die Liberalen, gegen Frauen, die es nicht an den heimischen Herd zieht. Gegen die Medien, die Nato, die Vereinten Nationen, gegen die Regenwälder, die unabhängige Justiz, die Zivilgesellschaft und natürlich gegen die alten Eliten. Hauptsache: Krieg und Vernichtung!

Der Amoklauf des Stephen Bannon, der gerade erst begonnen hat, war von langer Hand geplant. Er hat ihn über Jahre angekündigt. Kann ihn denn niemand stoppen? Gewiss, er ist weltweit in der rechten Szene vernetzt. Er steht unter dem Schutz von reichen, einflussreichen Freunden. Der Präsident hört auf sein Wort. Und doch scheinen ihn, den nicht selten beklemmend Weitsichtigen, Albträume zu quälen: »Ich bin wie Thomas Cromwell am Hofe der Tudors«, hat er kurz nach der Wahl dem »Hollywood Reporter« erklärt.

Die Anverwandlung hatte es in sich: Der Staatsmann unter dem englischen König Heinrich VIII. war in der Tat ein Wesensverwandter, ein früher Dekonstrukteur des Staates. Vor rund einem halben Jahrtausend hat der Protestant Cromwell die Loslösung von der römischen Kirche, die Einführung der Reformation auf brachiale Art vorangetrieben, Klöster vernichtet, den gesamten Buchbestand der Universität Oxford in den Orkus gejagt. Das seien papsttreue Machwerke, Dokumente des Aberglaubens. Fake News aus dem späten Mittelalter.

Dieser Mann, ein Glaubenskrieger von Bannons Schlag, hat aufgeräumt, mit eisernem Besen den liederlichen Sitten ein Ende gesetzt, Homosexualität, Analverkehr und Sodomie mit der Todesstrafe bedacht. Heinrich VIII. erhob ihn zum 1st Earl of Essex. Der Sohn eines Brauers hat steile Karriere gemacht und ist auch darin Steve, dem Sohn eines Telefonkabelverlegers, so unähnlich nicht. Nur, auch das gehört zur Geschichte, um die Trumps historisch versierter Stratege, *the prince of darkness*, natürlich weiß: Cromwell hat ein trauriges Ende genommen, fiel aus der Gunst seines Königs – und wurde am 28. Juli 1540 als Ketzer enthauptet. Die Menge durfte auf der London Bridge – als Abschreckung gedacht – den abgehackten Kopf bestaunen.

»Ich bin wie Thomas Cromwell«: Das ist eine wahrlich schaurige Eigendiagnose. Ob der Terrorist im Weißen Haus selbst nicht so ganz an den glücklichen Ausgang seines Staatsstreichs glaubt? Das immerhin gäbe Anlass zur Hoffnung.

Anhang

Kleines Glossar

Alt-Right

Kurzform für *Alternative Right,* Alternative Rechte, Sammelbezeichnung für politische Ideologien, die vor allem charakteristisch für den rechten Rand der USA sind.

Der euphemistische Begriff dient dazu, »rechtsextremistisches Gedankengut zu verschleiern und für ein breiteres Publikum akzeptabler erscheinen zu lassen«, schreibt der Journalist Julian Sanchez in der »Washington Post«. Kennzeichnend ist die Grundannahme, dass die Identität der weißen Bevölkerung bedroht und somit zu verteidigen sei. »Hier sammeln sich Chauvinisten, Internettrolle, Islamhasser, Rassisten, Neonazis – und der Präsident selbst«, urteilte der »Spiegel«, auch wenn sich Trump nach der Wahl von seinen rechtsextremen Anhängern deutlich distanziert hat.

Die Alt-Right-Bewegung ist keineswegs in sich geschlossen oder klar umgrenzt, gerade ihre geschickte Ansprache diverser gesellschaftlicher Gruppen wie Neonazis, konservativer Rechten, aber auch weiter Teile der gesellschaftlichen

Mitte, die anfällig für Populismus ist, macht ihren Erfolg aus. Die Alt-Right-Bewegung bekämpft – wie die konservative Rechte – die multikulturelle Gesellschaft, den Feminismus sowie die Einwanderung aus nicht westlichen Ländern. Anders als im etablierten Rechtskonservatismus spielt das Christentum eine untergeordnete Rolle. Gelegentlich werden Merkmale der nordischen Mythologie adaptiert: Teile der Bewegung, die einen nordisch-paganen Kult praktizieren, bezeichnen sich als »Wolves of Vinland«. Jedoch wird Religion, etwa wenn Stephen Bannon von einer Bedrohung der »jüdisch-christlichen« Welt durch den Islam spricht, zu Propagandazwecken vereinnahmt.

Ideologen der Alt-Right wie Richard B. Spencer, der den neuen Präsidenten mit »Heil Trump« feierte, forderten wiederholt die Errichtung eines weißen »Ethnostaates«. Spencer nimmt für sich in Anspruch, den Begriff »Alt-Right« 2008 geprägt zu haben. Der Publizist betrieb von 2010 bis 2013 ein Onlinemagazin, das er »Alternative Right« nannte. Er selbst sieht die Ideologie von Alt-Right in der Tradition der französischen Neuen Rechten, die sich als »Gegenmodell« zur Neuen Linken versteht. Man grenzt sich bewusst von der dem Nationalsozialismus verhafteten »alten Rechten« ab und sucht sich Verbindungen ins konservative wie auch alternative Spektrum. Spencer begreift sich als »Identitärer«, als Mitglied einer völkisch orientierten Gruppe, und benutzt, ähnlich wie die Identitären in Europa, gelegentlich Strategien und Begriffe der linken Protestbewegung und deutet sie um. In diesem Sinne bezeichnend ist der Gebrauch des Wortes »Alternative«.

Andrew Breitbart ließ auf seiner Internetplattform regelmäßig Stimmen der Alt-Right-Bewegung zu Wort kommen. Stephen Bannon schließlich bekannte im Juli 2016 über »Breitbart News Network«: »We're the platform for the alt-right.«

Citizens United

Konservative, als gemeinnützig anerkannte Organisation, 1988 von dem langjährigen Washingtoner Politikberater Floyd Brown gegründet.

Zu den finanziellen Unterstützern zählen die Brüder und Konzernchefs Charles und David Koch, die das zweitgrößte private Unternehmen in den Vereinigten Staaten besitzen: Koch Industries. Erklärte Mission von Citizens United ist es, die »Kontrolle der Bürger über ihre Regierung« wiederherzustellen und die traditionellen amerikanischen Werte zu verteidigen. Die Organisation setzt sich zudem für die Freiheit des Unternehmertums, die Stärkung der Familie und die nationale Souveränität ein. Um diese Mission zu erfüllen, produziert Citizens United Fernsehwerbung, Web-Werbung und Filme, so auch die meisten Polit-Dokumentationen von Stephen Bannon. Im September 2016 engagierte Donald Trump den Vorsitzenden von Citizens United, David Bossie, als stellvertretenden Leiter seiner Kampagne. Danach wurde der Bannon-Vertraute in den Beraterstab des Präsidenten berufen.

Die Aktivitäten der Organisation sorgten dafür, dass der Oberste US-Gerichtshof in einem Urteil vom Januar 2010 die Wahlkampfregeln entscheidend veränderte. Seitdem dürfen Firmen mit unbegrenzten Geldsummen für oder gegen politische Kandidaten werben. 2008 hatte Citizens United dagegen geklagt, als kommerzielle Aktivistenorganisation einen kritischen Dokumentarfilm über Hillary Clinton nicht ausstrahlen zu dürfen. In einer Grundsatzentscheidung stellte der Oberste Gerichtshof die politische Meinungsfreiheit von Unternehmen zur Disposition. Die Mehrheit der Richter votierte mit Blick auf konservative Motive für die Meinungsfreiheit. Die unterlegenen liberalen Richter wiesen auf die unangemessene Gleichbehandlung von Personen und Unternehmen hin. Auch wenn keine Seite unmittelbar bevorteilt wird, ist das Urteil in seiner Auswirkung verheerend, denn die neue Wahlkampfregelung befördert die Korruption, indem sie politische Bewerber direkt abhängig von Lobbyisten macht. Politische Kandidaten ohne Spender haben kaum Aussichten, eine Wahl zu gewinnen.

Conservative Political Action Conference (CPAC)

Jährlich stattfindende Konferenz, die konservative Aktivisten und gewählte republikanische Volksvertreter aus den ganzen USA zusammenbringt.

Mit der Organisation der ersten CPAC im Jahr 1973 wollten die »American Conservative Union« und die »Young Americans for Freedom« ein Zeichen »gegen den linken Zeitgeist« setzen. Auf ihrem Kongress sollten engagierte

Jugendliche und gestandene Konservative zusammentreffen. Noch heute ist die Hälfte der Konferenzbesucher im College-Alter. Ronald Reagan trat mehrfach als Redner auf. Auch George W. Bush, die beiden namhaften Tea-Party-Vertreter Michele Bachmann und Glenn Beck waren als Sprecher eingeladen, ebenso der Medienaktivist Andrew Breitbart. Donald Trump dagegen mied die Konferenz zunächst, weil sie sich mehrheitlich für Ted Cruz als republikanischen Präsidentschaftskandidaten ausgesprochen hatte. Erst nach seiner Wahl war Trump CPAC-Stargast. Tags zuvor hatte Bannon auf diesem Forum in einer vielzitierten Rede Journalisten als »Oppositionspartei« bezeichnet, die es zu besiegen gelte. Der Beifall war rauschend.

Government Accountability Institute (GAI)

Konservative, als gemeinnützig eingetragene Einrichtung, die sich als wissenschaftliche Institution präsentiert, 2012 von Peter Schweizer und Stephen Bannon gegründet.

Der Hedgefonds-Manager und spätere Trump-Unterstützer Robert Mercer fungierte seinerzeit als Financier. Die erklärte Mission von GAI ist es, »Kameradschafts-Kapitalismus, Missbrauch von Steuergeldern und staatliche Korruption und Missbrauch zu untersuchen und zu entlarven«. In der Praxis fokussiert sich GAI darauf, liberale Politiker zu diskreditieren. Dabei widmet sich GAI der Analyse von Steuererklärungen, Flugprotokollen und ausländischen Regierungsdokumenten. Vor allem der Clinton Foundation galt die Aufmerksamkeit des Unternehmens mit Sitz in Tallahassee, Florida. Zwischen 2012 und 2014 erhielt GAI Spenden von fast vier Millionen Dollar von der Mercer Family Foundation und dem mit den Koch-Brüdern verbundenen »Donors Trust«. Institutsgründer Stephen Bannon war jahrelang Mitglied des Vorstands des GAI. Im November 2016 berichtete die »Washington Post« über detaillierte Verbindungen zwischen dem Institut und der rechten Propagandaplattform »Breitbart News«. Von 2012 bis 2015, so die renommierte Zeitung, habe Breitbart-Chefredakteur Bannon für seine Vorstandstätigkeit bei der Non-Profit-Organisation ein Gehalt von 376 000 Dollar erhalten.

Tea Party

2009 gegründete rechtspopulistische Protestbewegung, die sich die Machtbeschränkung der Bundesregierung zum Ziel gesetzt hat.

Die fundamentalistischen, rechtskonservativen und libertären Mitglieder berufen sich auf die Boston Tea Party von 1773, einen Akt des Ungehorsams von 13 nordamerikanischen Kolonien gegen das Mutterland Großbritannien. Seinerzeit warfen als Indianer verkleidete Bostoner Bürger 342 Kisten Tee der britischen »East India Trading Company« ins Hafenbecken. Auch die Tea Party begriff ihren Protest als Akt politischen Ungehorsams gegen die Regierung in Washington, deren Steuererhöhungen und Konjunkturprogramme. Der Beginn der Tea-Party-Bewegung geht noch zurück in die Regierungszeit von George W. Bush. Der libertär gesinnte republikanische Kongressabgeordnete Ron Paul, der von Anfang an gegen den Irakkrieg, die allgemeine Wehrpflicht und jedes Freihandelsabkommen, zugleich für die Freigabe von Marihuana und Heroin eintrat, wollte eine Graswurzelbewegung für seine Präsidentschaftsnominierung 2008 nutzen. Pauls rigorose Attacken gegen Big Government beflügelten die Bewegung, die Auftrieb gewann, als der Journalist Rick Santelli am 19. Februar 2009 im Fernsehen zu Protesten gegen »sozialistische Steuern« aufrief. Zu den bekannten Sprechern der Bewegung avancierten der einstige Fox-News-Moderator Glenn Beck, die Gouverneurin des Bundesstaates Alaska Sarah Palin und die republikanische Aktivistin Michele Bachmann, die das Erdbeben in Virginia 2011 als »Botschaft Gottes« an die US-Politik deutete. Auch Stephen Bannon unterstützte die Anliegen der Protestler: »Wir brauchen einen Kampf in der Republikanischen Partei um die Seele der konservativen Bewegung«, sagte er 2011 in einem Interview, als er Werbung für seine Dokumentation über die damalige Tea-Party-Ikone Sarah Palin machte.

Die wichtigsten Quellen

Dieses Buch aus aktuellem Anlass stützt sich auf über 1000 Artikel, Essays, Reportagen, Videos und Filme. Alle Quellen zu dokumentieren oder gar mit Fußnoten nachzuweisen würde den Rahmen des Projekts sprengen. Dieses Verzeichnis enthält daher nur eine Auswahl. Die Dokumente werden nur einmal aufgeführt, auch wenn sie in mehreren Kapiteln herangezogen werden. Um den Zugriff auf die angeführten Links zu erleichtern, sind die Verweise auf *www.heyne.de/stephen-bannon-quellen* digital abrufbar. In den ersten Monaten nach Erscheinen des Buches werden zudem auf meiner Webseite *www.tilman-jens.de* auch die aktuellen Entwicklungen der Causa Bannon eingestellt.

Der Heizer bleibt – Vorwort

Time Magazine am 02.02.2017: Is Steve Bannon the Second Most Powerful Man in the World?; http://time.com/magazine/us/4657637/february-13th-2017-vol-189-no-5-u-s/

The Huffington Post am 22.02.2017: Virtueller Lynchmob: Wie die rechte Nachrichtenseite »Breitbart« Trump-Kritiker bedroht; http://www.huffingtonpost.de/2017/02/22/bannon-breitbart-drohunge_n_14890292.html

Breitbart News am 15.05.2017: Portland Bar Offers ›Free Whiskey for Life‹ to Customers That ›Punch Steve Bannon‹; http://www.breitbart.com/tech/2017/05/15/portland-bar-offers-free-whiskey-for-life-to-customers-that-punch-steve-bannon/

CNN Media am 19.04.2017: Breitbart and Trump relationship: it's complicated; http://money.cnn.com/2017/04/18/media/breitbart-donald-trump-steve-bannon/

Spiegel Online am 02.06.2017: Trump kündigt Klimapakt. Stinkefinger; http://www.spiegel.de/politik/ausland/donald-trump-absage-an-klimaabkommen-entsetzt-den-rest-der-welt-a-1150364.html

The Huffington Post am 03.06.2017: Warum das Verstörendste an Trumps Klima-Rede nicht der Ausstieg aus dem Paris-Abkommen ist; http://www.huffingtonpost.de/2017/06/03/trump-klima-beschluss-america-first_n_16933694.html

I. Prince of Darkness

Vice am 25.02.2017: Die Welt steht in Flammen; https://www.vice.com/de/article/die-welt-steht-in-flammen

Bloomberg Businessweek am 08.10.2015: This Man Is the Most Dangerous Political Operative in America; https://www.bloomberg.com/politics/graphics/2015-steve-bannon/

GQ am 05.06.2017: Shadow President Steve Bannon Is Back Calling the Shots; http://www.gq.com/story/steve-bannon-is-back-as-shadow-president

YouTube am 24.02.2017: Steve Bannon Lays Out Vision For White House During CPAC Talk | Morning Joe | MSNBC; https://m.youtube.com/watch?v=zymqFl7s2aw

PBS am 23.05.2017: The FRONTLINE Interview: Ben Shapiro; http://www.pbs.org/wgbh/frontline/article/the-frontline-interview-ben-shapiro/

Welt / N24 am 07.03.2017: Stephen King twittert Mini-Horrorthriller über Trump; https://www.welt.de/kultur/literarischewelt/article162650232/Stephen-King-twittert-Mini-Horrorthriller-ueber-Trump.html

The Washington Post am 30.01.2017: Trump's hard-line actions have an intellectual godfather: Jeff Sessions; https://www.washingtonpost.com/politics/trumps-hard-line-actions-have-an-intellectual-godfather-jeff-sessions/2017/01/30/ac393f66-e4d4-11e6-ba11-63c4b4fb5a63_story.html?utm_term=.5c0d9737282f

Zeit Online am 04.02.2017: Mein Leben mit dem Monster; http://
www.zeit.de/2017/04/donald-trump-republikaner-usa-daniel-kehl-
mann

Blätter für deutsche und internationale Politik im März (Ausgabe 3)
2017: Der Geist des Trumpismus oder: Was Steve Bannon wirklich
will; https://www.blaetter.de/archiv/jahrgaenge/2017/maerz/der-
geist-des-trumpismus-oder-was-steve-bannon-wirklich-will

Welt / N24 am 30.01.2017: Trumps Werk und Bannons Beitrag; https://www.welt.de/politik/ausland/article161665405/Trumps-Werk-
und-Bannons-Beitrag.html

BuzzFeed News am 15.11.2016: This Is How Steve Bannon Sees The
Entire World; https://www.buzzfeed.com/lesterfeder/this-is-how-
steve-bannon-sees-the-entire-world?utm_term=.muVeDe5L2#.ahN-
QEQr3l

The Huffington Post am 09.02.2017: Trumps Chefstratege Bannon
glaubt: Die Apokalypse kommt und ein Krieg ist unausweichlich;
http://www.huffingtonpost.de/2017/02/09/steve-bannon-weis-
ses-haus_n_14661900.html

Vanity Fair am 14.04.2017: The Inside Story of the Kushner-Bannon
Civil War; http://www.vanityfair.com/news/2017/04/jared-kushner-
steve-bannon-white-house-civil-war

CNN am 12.04.2017: Why Bannon is losing; http://www.cnn.com/
2017/04/10/opinions/house-of-trump-opinion-dantonio/

Süddeutsche Zeitung am 07.02.2017: »Wir haben maximal ein Jahr
Zeit, um Amerikas Demokratie zu verteidigen«; http://www.sued-
deutsche.de/politik/timothy-snyder-wir-haben-maximal-ein-jahr-
zeit-um-amerikas-demokratie-zu-verteidigen-1.3365852

Forbes am 01.04.2017: Steve Bannon Worth As Much As $48 Million,
Blockbuster Filings Reveal; https://www.forbes.com/forbes/welcome/
?toURL=https://www.forbes.com/sites/maddieberg/2017/04/01/steve-
bannon-worth-as-much-as-48-million-blockbuster-filings-reveal/&re-
fURL=https://www.google.de/&referrer=https://www.google.de/

The New York Times am 27.11.2016: Combative, Populist Steve Bannon Found His Man in Donald Trump; https://www.nytimes.
com/2016/11/27/us/politics/steve-bannon-white-house.html

Teen Vogue am 08.02.2017: People Are Addressing ›President Bannon‹
on Postcards to White House; http://www.teenvogue.com/story/peo-
ple-are-addressing-president-bannon-on-postcards-to-white-house

Saturday Night Live am 05.02.2017: Donald Trump ›especially upset‹ by SNL sketch portraying Steve Bannon as a manipulative Grim Reaper; http://www.independent.co.uk/arts-entertainment/tv/news/donald-trump-snl-steven-bannon-grim-reaper-a7580821.html

New York Post am 11.04.2017: Trump won't definitively say he still backs Bannon; http://nypost.com/2017/04/11/trump-wont-definitively-say-he-still-backs-bannon/

NZZ am Sonntag am 05.02.2017: Steve Bannon: Der General der Finsternis; https://www.nzz.ch/nzzas/nzz-am-sonntag/steve-bannon-im-portraet-trumps-general-ld.143729

Zeit Online am 04.02.2017: Mein Leben mit dem Monster; http://www.zeit.de/2017/04/donald-trump-republikaner-usa-daniel-kehlmann

Zeit Online am 23.02.2017: Steve Bannon lobt Alexander Dugin; http://www.zeit.de/2017/07/washington-moskau-steve-bannon-alexander-dugin-lob-annaeherung

II. Lehrjahre auf dem Zerstörer

Richmond Times-Dispatch am 26.11.2016: Steve Bannon talks Richmond roots, says Trump will condemn all forms of racism; http://www.richmond.com/news/local/government-politics/article_0f87d838-4aaa-5e4f-b717-6a342a00b89c.html?mode=jqm

The New York Times am 26.01.2017: Trump Strategist Stephen Bannon Says Media Should ›Keep Its Mouth Shut‹; https://www.nytimes.com/2017/01/26/business/media/stephen-bannon-trump-news-media.html

Voa News am 31.01.2017: From Catholic Schoolboy to Counselor-in-Chief: Steve Bannon's Rise to Power; http://www.voanews.com/a/from-catholic-schoolboy-to-counselor-in-chief-steve-bannons-rise-to-power/3698899.html

The Wall Street Journal am 14.03.2017: Steve Bannon and the Making of an Economic Nationalist; https://www.wsj.com/articles/steve-bannon-and-the-making-of-an-economic-nationalist-1489516113

The Daily Beast am 15.03.2017: Steve Bannon in College: Grateful Dead Fan, ›Jerry Brown Liberal‹, ›Ladies Man‹; http://www.thedailybeast.com/articles/2017/03/15/steve-bannon-in-college-grateful-dead-fan-jerry-brown-liberal-ladies-man.html

Collegiate Times am 29.01.2017: Op-ed: Virginia Tech community letter to disavow the appointment of Steve Bannon; http://www.collegiatetimes.com/opinion/op-ed-virginia-tech-community-letter-to-disavow-the-appointment/article_26326a50-e673-11e6-a268-874923cbfb2c.html

Fox News Exclusive am 30.03.2017: The making of Steve Bannon, from young Navy man to White House power player; http://www.foxnews.com/politics/2017/03/30/fox-news-exclusive-making-steve-bannon-from-young-navy-man-to-white-house-power-player.html

Navy Times am 01.02.2017: Steve Bannon and the National Security Council: What we can learn from his Navy career; https://www.navytimes.com/articles/nav-bannon-career

CNN Tech am 18.11.2016: 685 Harvard Business School women 'disavow' fellow grad Steve Bannon; http://money.cnn.com/2016/11/18/technology/steve-bannon-harvard-business-school/

Boston Globe am 26.11.2016: Harvard classmates barely recognize the Bannon of today; http://www.bostonglobe.com/news/politics/2016/11/26/look-steven-bannon-and-his-years-harvard-business-school/B2m0j85jh5jRKzKbMastzK/story.html

NBC Boston am 29.11.2016: Steve Bannon Cancels Harvard Visit; http://www.nbcboston.com/news/local/Steve-Bannon-Cancels-Harvard-Visit-403652066.html

III. Big Business

Shadow Proof am 30.11.2016: Steve Bannon Says Joining Goldman Sachs Is Like ›Joining The Jesuits‹; https://shadowproof.com/2016/11/30/steve-bannon-says-joining-goldman-sachs-like-joining-jesuits/

Los Angeles Times am 30.08.2016: Inside the Hollywood past of Stephen K. Bannon, Donald Trump's campaign chief; http://www.latimes.com/entertainment/envelope/cotown/la-et-ct-stephen-bannon-donald-trump-hollywood-20160830-snap-story.html

The New Yorker am 01.05.2017: How Hollywood Remembers Steve Bannon; http://www.newyorker.com/magazine/2017/05/01/how-hollywood-remembers-steve-bannon

The Telegraph am 05.12.2016: Shakespeare in space, with ›ectoplasmic sex‹: the bizarre story of Donald Trump strategist Steve Bannon's Titus Andronicus script; http://www.telegraph.co.uk/films/2016/12/05/shakespeare-space-featuring-ectoplasmic-sex-bizarre-story-donald/

Salon am 06.02.2017: 6 things Steve Bannon has declared war on; http://www.salon.com/2017/02/06/6-things-steve-bannon-has-declared-war-on_partner/

Motherboard am 15.11.2016: The Strange History of Steve Bannon and the Biosphere 2 Experiment; https://motherboard.vice.com/en_us/article/the-strange-history-of-steve-bannon-and-the-biosphere-2-experiment

AZ Family am 01.02.2017: Trump's chief strategist ran Biosphere; http://www.azfamily.com/story/34395676/trumps-chief-strategist-ran-biosphere

Deutschlandfunk Kultur am 26.09.2011: Probelauf fürs Leben im All; http://www.deutschlandfunkkultur.de/probelauf-fuers-leben-im-all.932.de.html?dram:article_id=131307

The Cut am 01.09.2016: Trump Campaign Chief Caught on Tape Calling a Female Employee a ›Bimbo‹, ›Self-Centered‹ and ›Deluded‹; https://www.thecut.com/2016/09/steve-bannon-once-called-a-female-employee-a-bimbo.html

C-SPAN am 05.01.1995: Biosphere 2. Mr. Bannon talked about Biosphere 2, which scientists use to study the environment by recreating various ecosystems within an enclosed environment; https://www.c-span.org/video/?62630-1/biosphere-2

YouTube-Video veröffentlicht am 14.03.2017: Empire Files: Abby Martin Exposes Steve Bannon; https://m.youtube.com/watch?v=HelSaMSy8HY

New York Daily News am 27.08.2016: Anti-Semitic Trump campaign CEO Stephen Bannon not a big fan of ›whiny brat‹ Jews, ex-wife says; http://www.nydailynews.com/news/election/trump-campaign-ceo-bannon-complained-jews-daughters-school-article-1.2767615

The New York Times am 17.12.2016: Behold, Steve Bannon's Hip-Hop Shakespeare Rewrite: ›Coriolanus‹; https://www.nytimes.com/2016/12/17/opinion/sunday/steve-bannon-hip-hop-shakespeare-rewrite-coriolanus.html?_r=0

IV. Leinwand-Obsessionen

Miami Herald am 10.03.2017: Long before Trump hired him, Bannon was making deals, kindling political fires in Florida; http://www.miamiherald.com/news/politics-government/article137691808.html

The Guardian am 29.11.2016: For haters only: watching Steve Bannon's documentary films; https://www.theguardian.com/us-news/2016/nov/29/steve-bannon-documentary-films-donald-trump

YouTube-Video veröffentlicht am 01.09.2016: In the Face of Evil Reagan's War in Word and Deed 2004; https://www.youtube.com/watch?v=nVkmi90nXP4

The Washington Post am 03.02.2017: Bannon film outline warned U.S. could turn into ›Islamic States of America‹; https://www.washingtonpost.com/politics/bannon-film-outline-warned-us-could-turn-into-islamic-states-of-america/2017/02/03/f73832f4-e8be-11e6-b82f-687d6e6a3e7c_story.html?utm_term=.75a15a8e124a

DVD: Border War – The Battle Over Illegal Immigration (2006 by Citizens United. Genius Entertainment. 95 Min.)

The Washington Post am 09.04.2017: How Bannon's multimedia machine drove a movement and paid him millions; https://www.washingtonpost.com/investigations/how-bannons-multimedia-machine-drove-a-movement-and-paid-him-millions/2017/04/09/203df1ce-197b-11e7-855e-4824bbb5d748_story.html?utm_term=.1a40036ddd5d

YouTube-Video veröffentlicht am 04.12.2016: Generation Zero Documentary (2010); https://www.youtube.com/watch?v=bsqu9gh6xhk

DVD: The Undefeated (2011 by Victory Films Production. ARC Entertainment. 118 Min.)

Süddeutsche Zeitung am 03.03.2017: Bannon meint zu wissen, wie es um die USA bestellt ist: sehr schlecht; http://www.sueddeutsche.de/kultur/trumps-chefstratege-was-stephen-bannons-filme-ueber-sein-weltbild-verraten-1.3403101-2

Packer, George: Die Abwicklung. Eine innere Geschichte des neuen Amerika. S. Fischer Verlag, Frankfurt am Main, 2015

The Atlantic am 25.08.2016: The Radical Anti-Conservatism of Stephen Bannon; https://www.theatlantic.com/politics/archive/2016/08/the-radical-anti-conservatism-of-stephen-bannon/496796/

V. »Breitbart News«

Breitbart News am 03.01.2017: Revealed: 1,000-Man Mob Attack Police, Set Germany's Oldest Church Alight on New Year's Eve; http://www.breitbart.com/london/2017/01/03/dortmund-mob-attack-police-church-alight/

Digital Present – Der Tagesspiegel am 10.03.2017: Ein ekliger Batzen Hetze: Wie Breitbart über Berlin berichtet; http://digitalpresent.tagesspiegel.de/wie-breitbart-ueber-berlin-berichtet

The New York Times am 17.08.2016: What Is Breitbart News?; https://www.nytimes.com/2016/08/18/business/media/what-is-breitbart-news.html?_r=0

Spiegel Online am 02.03.2012: Tod eines Politik-Zündlers; http://www.spiegel.de/politik/ausland/blogger-andrew-breitbart-tod-eines-politik-zuendlers-a-818761.html

Mother Jones am 15.07.2013: Hillary Clinton: The Right-Wing Cash Machine; http://www.motherjones.com/politics/2013/07/hillary-clinton-republican-fundraising-america-rising-2016/

The Liberty Extra am 24.05.2017: The FRONTLINE Interview: Kurt Bardella – FRONTLINE; http://thelibertyextra.com/2017/05/24/the-frontline-interview-kurt-bardella-frontline/

Breitbart News am 27.10.2014: Exclusive: Obama Plans to Import Ebola-infected Foreigners from Other Countries; http://www.breitbart.com/big-government/2014/10/27/exclusive-obama-plans-to-import-ebola-infected-foreigners-from-other-countries/

Breitbart News am 06.01.2016: After Cologne, Perhaps It Is Time For The People Of Germany To Consider The Sanity Of Angela Merkel; http://www.breitbart.com/london/2016/01/06/after-cologne-perhaps-it-is-time-for-the-people-of-germany-to-consider-the-sanity-of-angela-merkel/

Breitbart News am 26.09.2016: MILO At UCF: ›10 Things I Hate About Islam‹; http://www.breitbart.com/milo/2016/09/26/milo-ucf-10-reasons-hate-islam/

Frankfurter Allgemeine am 07.11.2016: Zeremonienmeister des Hasses; http://www.faz.net/aktuell/politik/trumps-praesidentschaft/milo-yiannopoulos-zeremonienmeister-des-hasses-14515212.html

Breitbart News am 19.02.2016: Sorry Papa, But Daddy Trump Is the One Defending Catholics from Invaders; http://www.breitbart.com/

immigration/2016/02/19/sorry-papa-but-daddy-trump-is-the-one-defending-catholics-from-invaders/

The Washington Post am 11.03.2017: During his political rise, Stephen K. Bannon was a man with no fixed address; https://www.washingtonpost.com/investigations/during-his-political-rise-stephen-k-bannon-was-a-man-with-no-fixed-address/2017/03/11/89866f4c-0285-11e7-ad5b-d22680e18d10_story.html?utm_term=.da14d2de04dc

The Guardian am 13.11.2016: Trump campaign chief Steve Bannon is registered voter at vacant Florida home; https://www.theguardian.com/us-news/2016/aug/26/steve-bannon-florida-registered-vote-donald-trump

Frankfurter Allgemeine am 26.08.2016: Trumps Wahlkampfchef bricht Gesetz; http://www.faz.net/aktuell/politik/trumps-praesidentschaft/trumps-wahlkampfchef-bricht-in-florida-das-wahlgesetz-14407243.html

CNN Politics am 15.11.2016: White nationalists see advocate in Steve Bannon who will hold Trump to his campaign promises; http://edition.cnn.com/2016/11/14/politics/white-nationalists-on-bannon/

Breitbart News am 22.11.2016: President-Elect Donald J. Trump Praises Breitbart News Network: ›It's a Pretty Big Thing‹; http://www.breitbart.com/big-government/2016/11/22/president-elect-donald-j-trump-praises-breitbart-news-network-its-a-pretty-big-thing/

Dailymail Mail Online am 14.03.2016: Breitbart editor-at-large and reporter who claims she was attacked by Trump aide RESIGN over news site's decision to side with The Donald; http://www.dailymail.co.uk/news/article-3491502/Breitbart-editor-large-reporter-claims-attacked-Trump-aide-RESIGN-news-site-s-decision-Donald.html

YouTube am 23.07.2016: Clinton Cash Official Documentary Movie (full); https://www.youtube.com/watch?v=7LYRUOd_QoM

Breitbart News am 05.11.2016: Hillary Clinton Should be in Jail, Not the White House; http://www.breitbart.com/2016-presidential-race/2016/11/05/hillary-clinton-jail-not-white-house/

Columbia Journalism Review am 03.03.2017: Study: Breitbart-led right-wing media ecosystem altered broader media agenda; http://www.cjr.org/analysis/breitbart-media-trump-harvard-study.php

Breitbart News am 29.03.2017: Nigel Farage on Article 50: ›Well Done Bannon; Well Done Breitbart – You've Helped with This Hugely‹;

http://www.breitbart.com/london/2017/03/29/nigel-farage-article-50-bannon-breitbart-helped/

Die Weltwoche am 08.02.2017: In Bannons Bann; http://www.weltwoche.ch/ausgaben/2017-6/artikel/in-bannons-bann-die-weltwoche-ausgabe-62017.html

Democracy Now am 29.03.2017: Jane Mayer on the Mercers and the Dark Money Behind the Rise of Trump and Bannon (Full Interview); https://www.democracynow.org/2017/3/29/full_interview_jane_mayer_on_the

VI. Im totalen Krieg

The New York Times am 09.10.2016: Donald Trump Featured Paula Jones and 2 Other Women Who Accused Bill Clinton of Sexual Assault; https://www.nytimes.com/2016/10/10/us/politics/bill-clinton-accusers.html

der Freitag am 05.04.2017: Gut verlinkt; https://www.freitag.de/autoren/the-guardian/gut-verlinkt

Breitbart News am 29.11.2016: Exclusive — Under the Hood: How Donald Trump Has Cut Around Corporate Media to Reach Millions Directly Online; http://www.breitbart.com/big-government/2016/11/29/exclusive-how-trump-bypasses-corporate-media-reach-millions/

Das Magazin am 03.12.2016: Ich habe nur gezeigt, dass es die Bombe gibt; https://www.dasmagazin.ch/2016/12/03/ich-habe-nur-gezeigt-dass-es-die-bombe-gibt/

The Washington Post am 08.06.2017: Breitbart lost 90 percent of its advertisers in two months: Who's still there?; https://www.washingtonpost.com/news/business/wp/2017/06/08/breitbart-lost-90-percent-of-its-advertisers-in-two-months-whos-still-there/?utm_term=.281f87583834

The New York Times am 10.03.2017: The Bombs of Steve Bannon; https://www.nytimes.com/2017/03/10/opinion/the-bombs-of-steve-bannon.html

Register